フランスではなぜ子育て世代が地方に移住するのか

小さな自治体に学ぶ生き残り戦略

ヴァンソン藤井由実 著
VINCENT-FUJII Yumi

学芸出版社

推薦の言葉

　日本の人口減少はこれから本格化していく。どの地方自治体の担当者も既に困った顔だらけだ。そんな我が国から見ると全くうらやましいかぎりだが、近年フランスでは首都のパリから地方へと移住する地方回帰の流れが顕著になっている。日本もフランスも先進国の中では首都への機能集中が激しい一極集中型の国なのだが、なぜフランスではこのような地方回帰が可能となったのだろう。

　本書は客観的な統計情報と著者のヴァンソン氏による丁寧で心のこもった取材を通じ、いかに元気な地方都市や住みたい田舎が生み出されているか、そのプロセスと実態を鮮やかに解き明かしている。そこには地方の魅力的な環境やあるべき都市機能を適切に守ることに加え、移住を志す若者の目線に立った的を射た支援など、時と場合に応じた幅広いメニューがわかりやすく整理されている。同時に、その内容は多少の現地調査からでは到底アプローチできない深みを伴って我々に迫ってくる。いや、第1章の日本の現状に関する記述を読むだけでも、むしろ我々は実は自分の国のことさえ、そもそもきちんと分かっていなかったのではないか、という「不都合な真実」に知らない間にやさしく切り込んでくるのだからたまらない。

　本書を手に取って強く感じるのは、掲載されているフランスの地方各自治体の担当者がいずれものびのびしてとても楽しそうなことである。これは対面した氏の人柄にも当然よるものだろうが、その地方がうまく回っているということと、担当者が幸福であるということはタマゴとニワトリの関係であることがよくわかる。その意味で、本書は人口減少社会で誰もが幸せになるための指南書であり、まずその困った顔を笑顔に変えるための処方箋としてもご一読をおすすめしたい。

筑波大学　谷口守

はじめに

　フランスの大都市を描いた『ストラスブールのまちづくり』、人口10万人以上の地方都市の動きを紹介した『フランスの地方都市にはなぜシャッター通りがないのか』に続いて、フランスの村落部についての3冊目の拙著をご購読くださる読者に心から御礼を申し上げる。

　フランスでも1980年代には出生率が下がり、地方の人口10万人未満の小規模自治体では中心市街地が空洞化した。しかし出生率はその後回復し、元気な町や村も多い。また、農村地帯の人口も増えている。

　衰退から再生へ向かっている地方の小規模自治体はどのような取り組みをしてきたのか？に答えるのが本書の試みだ。筆者は「モビリティ」の観点から、フランスの住みやすいまちのあり方を分析し、交通、商業や住宅供給政策を包括した都市計画が必要だと述べてきた。「計画なくして開発なし」の原則は、若者が移住する小さな村落にも適用されている。そして自治体運営のすべての基本政策を支える法律には「連帯・助け合い（富の再分配）」と「環境保存」という基本理念が読み取れる。

　本書は「町」や「村」の活性化が基本テーマだが、コミュニティを支える「人」に重点を置いている。過疎対策の中心を占める少子高齢化社会に対応する政策は、住民がその土地でどのように生活できるかに関わる。

　多民族からなる多文化国家のフランスは緊張社会だが、個々の生き方の選択と多様性をできる限りの範囲で認める社会の寛容性がある。国民は重税を収め、社会格差の解消に努め、飽くことなく「生活の質の向上」を求めながら挑戦を恐れない。税制や選挙、地方政治のあり方など、多面的に「地方の賑わい」を考えてみたい。また村活性化の背景のグローバルなご理解につながるように、フランスの子育て、教育、高齢者への対応などについての全体像もご紹介した。社会構造も基本政策も全く異なるが、日本の参考になるフランスの事例があれば嬉しく思う。

　それでは、フランスのルーラルにようこそ！

目次

推薦の言葉　3
はじめに　4

第1章　日本とフランス、地方の今 ── 9

1｜人口減少と東京一極集中が止まらない日本　9
地方から大都市圏への人口流出／地方都市の中心市街地の衰退／農村部の過疎対策と地方創生

2｜村落部人口流出の時代を経て増加に転じたフランス　13
国全体の人口増加と同じ割合で村落部人口も増加／村落部に人口が流れたのは地方都市が元気だから／村落部に移住する子育て世代／なぜ田舎の景観が守られたか／新しい価値観に後押しされた若者たちの村落での暮らし

第2章　フランス流「元気な田舎」ができるしくみ ── 28

1｜地域活性化の中心となる地方自治体　28
フランス人と自治体との関わり方／市町村合併ではなく広域自治体連合へ／「6割自治」で、議員と行政職員の約半数が女性

2｜魅力的な田舎を守れる自治体主導の都市計画　32

3｜フランスの人口はどのように動いているか　35
村落部への就労人口の囲い込み／過疎地帯「空白の対角線」／過疎地対策関連法による国からの支援

第3章　人口738人・ポンジボー村の生き残り策
── 暮らしやすい生活環境と仕事づくり ── 42

1｜働く人の顔が見える店舗が残る村　42

2｜村会議員の3分の2は「よそ者」　44

3｜村落共同体の活動　47
村にUターンして、地域のために仕事をする若い高学歴スタッフ／共同体が提供する高齢者支援サービス／田舎のモビリティは県と共同体で分担／村と村落共同体にみる、議会と行政の協働

4｜村の診療所に来る若い医師たち　54
医師・議員・村落共同体の協力でできた村の診療所／すべての村に均等な投資はできない／自己犠牲ではなく、生活の質の向上を求めて移住した医師

5 | 支援の充実した老人ホームを支える「連帯」システム　59
国民の高税負担で支える高齢者福祉／入所者と同じ人数の職員がいる介護老人ホーム

6 | 農家の副収入を生むアグリツーリズム　65
農村観光資源としての民宿／羊小屋と穀物倉庫をDIYで改装した超快適な「ショーンブルドット」／多くの国民がバカンスに出かける機会を保障するしくみ

7 | 官民協同で実施する起業家支援キャンプ　72
キーワードは地域・IT・モビリティ・農業／補助金ではなく情報とオフィス・OA機器を提供

第4章　伝統的な塩づくりで人口増加を果たしたバシュルメール村の闘い──地場産業の復活と自然保護 ── 80

1 | 天日海塩の商品化で人口を大幅に回復　80
19世紀の繁栄後、第二次世界大戦前には人口が半減／天日海塩の歴史を語る博物館

2 | 地場産業を守るための闘い　84
議員たちが進める別荘地誘導政策との闘い／塩職人の地位向上への道のり／産地の差別化による食文化の興隆／天日海塩の保護から地域の湿地帯保全へ

3 | 誰が伝統産業と塩田を守ったか　92
塩職人・議員・学者・環境NPOと移住者／補助金に頼らずプロジェクトを遂行する「よそ者」

4 | 観光産業振興と村の将来　95

第5章　移住者の「生き方」を支援するカドネ村の戦略 ── 101

1 | 1978年に最後の籠工場が閉鎖した村で人口が2600人から4254人に　101
移住者を受け入れる村・カドネ／都市部の若者を囲い込む

2 | なぜ人口が倍増したのか　107
交通事情の改善／少子化対策と女性の社会進出／高等教育と都会志向の薄さ

3 | 村づくりに貢献する移住者の生き方　111
村の市街地整備を担うアーキテクトは移住組／小さな村の合意形成／食を活かした産業振興に関わるオリーブ精製工場オーナー

4 | 移住者を受け入れ、支援する村　119
NPO活動を通した地元への統合／小さな村役場はどのように成長していくか／ネオルーラルと旧住民が混在する新しい社会現象／村の将来への展望

5｜隣村・ルールマラン村に見る抑制的な土地利用と公共空間魅力化による「アートの村」づくり　126

158の「フランスの最も美しい村」と郷土愛／農村観光のあり方／どんな小さな村にもある「マルシェ」のしくみ／村が管理する公共広場と道路空間

第6章　コミュニティを支える最低限の機能を確保する中心市街地政策　——————— 137

1｜人口10万人以下の自治体の明暗　137

空き店舗が少ない地方都市の中心市街地／人口が10万人以下の「シャッター通りがない町」

2｜空き店舗率1.7％のビアリッツ（人口2万5000人）に見る、街に人を呼ぶモビリティ政策　140

町長自らが陣頭指揮する冬場の観光客誘致政策／自治体が管理する公共空間としての海辺／商店街への車のアクセスを守り、歩行者にも優しいきめ細かい駐車対策／新しい住宅開発とまちの発展

3｜5年間で6750億円を投入する政府の中心街活性化策　150

シャッター通りを抱える人口5万以下の町の共通項と複合的な要因／郊外の大型店舗とネットショッピングへの対応措置／自治体が主導する中心市街地活性化政策

4｜一度は政策の失敗で市街地が衰退したサンブリュー（人口4万5000人）の総合的な中心市街地活性化策　157

郊外大型店舗との競合と広域での都市発展政策の不在／中心街の魅力を高めるための公共機関による総合的な支援／空き家対策への取り組み／あきらめず町の発展を図る自治体—住宅対策とモビリティ

第7章　文化と教育の力で活性化を図るシャルルヴィルメジエール　——————— 172

1｜1980年代の繁栄後、人口が6万人から4万7000人に激減　172

2｜小さなまちで共有する世界の文化　174

街中の空間を活かして開催される「世界人形劇フェスティバル」／人形劇を通して世界とつながる

3｜若い首長の自治体新生への試み　177

大学誘致と環境・公共空間の魅力化策／地元の村長を兼務するシャルルヴィルメジエール自治体職員

4｜40歳を前にエリート官僚から転身した首長　180

フランス政財界を動かす「エナルク」／定年後ではなく働き盛りに故郷の町に帰ったわけ

5 | パリを脱出したい人たち　183
　　パリで開かれる「地方就活フェア」／ネオルーラルを生む移住者向けウェブサイト

第8章　フランスから何を学ぶか ———————— 189
1 | 村での生活を続けるための工夫　189
　　サービス機能を守りぬくためのアイデア／広域で補う行政サービス
2 | 小さな村落が生き延びるための考え方　193
　　都会を模倣せず、田舎を大切にする／新参者の積極的な受け入れに必要な寛容性
3 | 地方活性化は村落と地方中核都市の両輪で　195
　　過疎の村に仕事をつくることにこだわりすぎない／過疎地の再生は地方都市の仕事づくりから

おわりに　199

本書に登場する小規模自治体（□囲み）と主要都市

第1章
日本とフランス、地方の今

ルクロワジック村（第4章）の港景観

1 ｜ 人口減少と東京一極集中が止まらない日本

地方から大都市圏への人口流出

　2014年に日本創成会議が発表した「消滅可能性都市896」[*1]は日本中に衝撃を与えた。日本の人口減少と超高齢化社会の到来は、欧州諸国のメディアでも関心が高く、人口の東京一極集中や、多くの自治体の消滅可能性も報道されている。しかし、GDP世界第3位の国の人口減少や高齢化に伴う様々な都市問題についての差し迫った課題としての議論は、日々の政争や医療・福祉などの論争に押され気味だ。

　2020年に日本人女性の半数が50歳以上になり、2035年には男性の3人に1人、女性の5人に1人が、生涯未婚になると総務省が発表した[*2]。結婚と出産が結びついている日本では、これからも少子化は進む。2017年で94万人と日本全体で出生数は減り続けている。しかも住居が狭い、通勤時

間が長いなどの理由で、出産や子育てと就労との両立が最も難しいと思われる東京圏への人口転入超過数が、2016年には約12万人に上り[*3]、東京の出生率は1.15で日本最低だ。労働生産を担う年代の人口が、1995年から減少に転じており、新しい労働力を供給しなければ国力の低下につながるだろう。2050年に60歳以上の人口が42%を占めると、社会保険料の支払い、年金、介護など多くの問題が深刻になる。

　それでも、海外から見ると日本は大変豊かな国だ。多様性に富んだ美しい自然、季節感溢れる気候と風土、豊かな食生活。奥深い歴史と文化があり、都市構造が高密度で、物流サービスが完璧に近く、清潔・安全な国だ。もうこれ以上経済成長しなくても、十分素晴らしい生活が保障されていると考える国民も多いだろう。成田や関空に一歩踏み入れると、すべてが機能的で便利だ。都市では、あらゆるシステムが、フランスのような先進国と比較しても、驚くほどスムーズに進む。だが地方都市では利便性は高いものの、まち全体の活気が感じられなくなって久しい。

地方都市の中心市街地の衰退

　戦後、経済が活性化して、人口及び産業の急激な増大に伴い、市街地が無秩序に拡散した。このスプロール化に歯止めをかけるために、政府は1968年の「新都市計画法」の制定で、優先的に市街化を図る「市街化区域」と、原則的に開発は認めない「市街化調整区域」の仕分けのしくみを導入した。1980年代には、地区の特性に応じたミクロレベルの都市環境形成を目的として「地区計画制度」を創設した。きめ細やかな土地利用計画と、小規模な公共施設建築計画を一体的にコントロールしてゆく地区レベルの都市計画だ。具体的には、自治体が設計変更等の必要な措置を取ることを事業者に勧告できるようにした。しかし地区計画は自治体テリトリー全体の都市計画との整合性は要求しない。さらに1992年に創設された、自治体の基本的な方針を示す「市町村マスタープラン」は、総合開発戦略を述べるビジョンであり、個別の建築事業に対する拘束力はない。2002年

には「都市再生特別措置法」が制定され、民間事業者等による都市計画の提案制度を創設した。ここではマスタープランなどの全体像にこだわらず、地区単位で土地利用転換を誘導するしくみが可能になった。「都市再生特別地区」制度が導入され、マスタープランから独立した、点的な都市開発計画が施行された。

　日本の都市計画や土地利用規制は、防災性や都市の近代化に重点を置いてきたために、土地開発業者に対する規制が緩い。高度成長期には都市全体の景観と整合性のない都市化が驚くべきスピードで進んだ。1990年代から2000年代には、郊外のバイパス沿道に商業やサービス機能が立地して、都市機能が拡散した。地方都市で新幹線の駅前を降りると、同じようなビルが立ち並び、地方の特色が感じられない街並みが多い。ミニ東京には、所詮は東京に代わる魅力は要求できず、東京への人口一極集中は止むことがない。

　自治体領域全体を把握、俯瞰し、同時に開発業者に対して拘束力を持つ都市計画制度が不在のため、建物の高さや色調に調和がある都市は、日本では稀であった。景観は、一部の自治体を除いては、「都市」から全く忘れられた。しかし、2004年に「景観法」が制定されて以降、外部空間の構成の重要性や公共空間を守る意義を考慮する自治体の動きが見えてきた。近年は、市街地と人口縮小の危機感のもと、より都市機能を集約させた「住みやすいまちづくり」が模索されるようになった。2006年にはまちづくり三法（改正都市計画法、大規模小売店舗立地法、中心市街地活性化法）の改正があり、郊外への大規模小売店の出店規制とともに、中心市街地の活性化が図られた。

　さらに地方都市消滅の危機感が高まり、2014年には「都市再生特別措置法の一部を改正する法律」で、市町村による「立地適正化計画」策定を推奨した。居住機能や医療・福祉・商業、公共交通等のさまざまな都市機能の誘導により、都市全域を見渡したマスタープランだ。より高密度な都市を形成して、人口の郊外へのスプロールを防ぐことが目的だ。また「移動

の自由が都市成立の基礎的条件」という原則が再認識され、モビリティを考慮した都市計画の構想に着眼した。「コンパクトなまちづくり」と「地域交通の再編」との連携が、「まちの賑わい」に結びつくことを期している。だが、現実には地方都市の中心市街地における人口の集積は進んでいない。政令都市レベルの自治体の中心市街地でも人影は少なく閑散としており、過度のクルマ依存社会のために、たまに見かける歩行者はお年寄りばかりだ。

農村部の過疎対策と地方創生

　一方、農村地帯では、バブル経済時代に大規模なリゾート開発を実施し、森林、農地の土地利用転換が進んだ。バブル崩壊後は、開発予定地が未利用地となり、荒廃化した自然地も残っている。国は「過疎地域対策緊急措置法」(1970年)から、「過疎地域自立促進特別措置法一部改正法」(2010年)まで10年ごとに立法してきたが[*4]、人口減少、高い高齢者率と低い若年者率、自治体の財政力低下を伴う過疎化が進んだ。2014年に内閣府特命初代担当大臣(地方創生担当)に石破茂氏が任命され、「まち・ひと・しごと創生法」ほか、地方創生関連2法案が成立した。地方創生推進交付金(平成29年度は1000億円)の予算枠も設けられた。総合戦略等を踏まえた個別施策には各省庁から合計6777億円が計上され、「地方に仕事をつくり、安心して働けるようにする」など4つの目標が掲げられている[*5]。こういった制度をうまく活かして、魅力的なまちづくり、創造的な地域活性化を実行している自治体は、都市部にも農村部にも多くみられる。しかし、農村部における仕事づくりの数値を競い、単発的な起業に補助金が投与されている。人口そのものが増加するような移住対策は、施策の中心になっていない。農村への移住者数は、2014年で1万1735人だ。

　2017年、日本の全面積の6割近くを占める647市町村が、総務省により過疎地域に指定された。経済が右肩上がりでなくなった今、従来の規制誘導型の土地利用コントロールや、都市開発事業手法を規制する法整備だけでは対応できない、新しいまちづくりの時代を迎えた。人口が減少するか

らこそ、将来「どんなまちや村にしたいのか」というイメージやコミュニティのビジョンを、住民が地域の政治家たちと共有する必要がある。そしてそれが実現しやすい行政機構、市民社会の熟成度が求められる。これからは、地方で住み続ける人や土地所有者たちが、自分たちのコミュニティを次世代のために良くしてゆくのだ（これを「持続可能なまちづくり」と呼ぶ）という確固たる意識をもって、地域のまちづくりを総合的に見なければ、地域の魅力は発揮できない。そのためには何が必要だろうか？

2｜村落部人口流出の時代を経て増加に転じたフランス

国全体の人口増加と同じ割合で村落部人口も増加

筆者が1980年代から住んでいるフランスでも人口の高齢化は進んでいるが、一方で1945年から2017年まで人口が67%増加し、2017年には20歳未満の人口割合が24.7%だ。人口6718万人のうち、パリ首都圏に約1200万人が住む。首都圏とその周辺に人口の約5分の1が居住する、一極集中国家でもある。しかしパリ首都圏の人口の自然増加は0.9%だが、首都圏からの転出率が0.4%超なので、2010年から2015年の間に人口は0.5%しか増加していない。首都圏中心のパリ市だけでみると、2015年の人口が220万人。自然増が0.7%だが、転出率が1%増なので、人口は0.3%減少している。つまり、パリ市及びパリ首都圏では転入者より転出者が多く、中央から地方に人口が流れており、日本のように一極集中はそれほど進んでいない。パリ首都圏を出た人口は、どこへ向かっているのか？

表1　フランスの都市部と農村部の人口変遷　1999年から2006年　(出典：INSEE)

	人口変化 (人/1年につき)	1999年から2006年までの人口年間変動率(%)			1982年から1999年までの人口年間変動率(%)
		合計	自然増減	移入、転出	
都市部人口	＋338930	0.7	0.5	0.2	0.5
村落部人口	＋72334	0.7	－0.1	0.8	0
フランス全体人口	＋411264	0.7	0.4	0.3	0.4

すでに1999年から2006年の間に、フランス全体の年間人口増加率0.7%と同じ、0.7%の人口増加が、村落部でみられた（表1）。都市部の人口増加は自然増によるが、村落部の人口増加は1990年代から増えてきた移住者による。村落部は人口自然減でマイナス0.1%だが、移住人口増加が0.8%なので、結果として人口は0.7%の増加だ。村落部における人口増加はその後も続き、2006年から2011年間のフランス全体の人口増加率の3%を村落部が占める。2017年には、フランスにおける村落部人口が20%にまで達した。農村と言わずに、村落と本書で述べるのは、農業従事者がいない村落や田舎の自治体全体を含むからである。つまり田舎（Rural）イコール農村（Agricole）ではない。村落部を、田舎、里山としても良いが、山間部や海辺の村落も含まれるので、本書では村落部としたい。
　なぜ、フランスではこのような村落部への人口流動があるのだろうか？
　GDP世界第5位で、日本と同じように長い歴史があり、成熟社会であるフランスの都市や村のあり方を紹介してみたい。

村落部に人口が流れたのは地方都市が元気だから

　まず本書では、人口が2000人以下のフランスの自治体を「村」と位置

表2　都市部と村落部、過疎地の定義 (出典：INSEE)

国立統計経済研究所による定義	平均人口密度	人口と住まいの状況
都市部	225人	2000人以上 隣人と200m以上離れずに居住
村落部	35人	2000人以下 隣人との距離が500m以上ある
過疎地 2016年から過疎地は対象を村落単位とせず、村落共同体が対象となる	10人以下	ZRR（村落活性化指定地域）の条件 1. 共同体領域で1km²当たりの人口が65人以下 2. 自治体住民の消費単位当たりの年間可処分所得の中央値が1万9111ユーロ以下 （「消費単位当たりの年間可処分所得の中央値」については第3章基礎データ参照）
過疎化の進行	1km²当たりの人口密度が年間少なくとも、0.2以上減少	

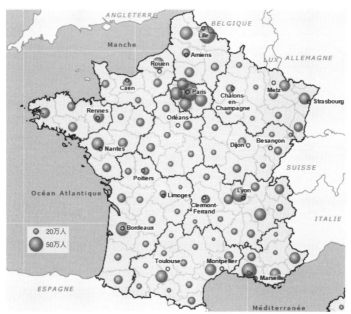

図1　元気なフランスの地方都市。全国に経済圏人口50万人前後の都市が存在する
（出典：CEGT 2015）

付ける。フランスの過疎現象「村落流出」（Exode rural)」は産業革命後の1900年代当初から始まり、戦後加速化し、1982年から1999年まで全土の7.2％の土地で過疎化が進んだ。フランスでは、年間少なくとも1km²当たりの人口密度が0.2以上減少すると、「過疎化が進む」と定義する[*6]。フランスの村落地帯の平均人口密度は、1km²当たり35人である（表2）。

　一方、1980年から1990年代、フランスの大都市やその郊外での都市部の人口増加は顕著であった。ここでいう都市部とは、「人が集まって居住している地域」を指し、人口2000人以上の住民が200m以下の間隔で住んでいる状態を指す。都市部の面積は国土の25％を占め、人口密度は1km²当たり225人だ。特に人口60万人前後の大都市圏共同体[*7]エリアを中心に、人口が郊外に延びていった（図1）。時が経つにつれ、徐々に大都市圏における増加率が緩和されるとともに、次には地方の人口10万人から20万人の中核都市の周辺で人口が増えてきた。こういった地方中核都市やその周

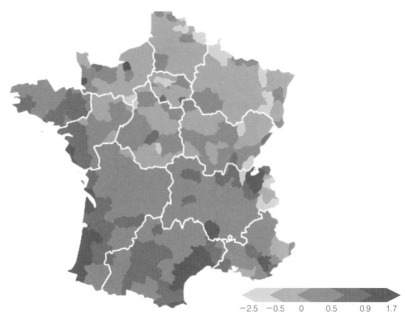

図2 移出・移入による年間人口変化率 2009年から2014年。色が濃い地域で、移住人口が増えている (出典：CEGT 出生と死亡による自然人口変化は含まない)

辺部から、さらに村落地帯への人口移動が始まり、1999年から2006年の間に人口増加が孤立村落地帯でもみられるようになった。

つまり、雇用がある豊かな経済圏規模50万人前後の地方都市や、人口10万人くらいでしばしば県庁などの行政府出張所がある小さめの地方都市が全土に存在するので、こういった拠点から人口が村落部に流れてきたと言える。現在では、全体としての村落部の人口減少は見られず、フランス国立統計経済研究所は、「村落からの人口流出は終わった」と明言している。

2000年からは、比較的気候が温暖な大西洋岸沿いや、地中海沿岸地域の都市や村落部への移住が顕著になる（図2）。フランスでは、村落地帯とは人口2000人以下の自治体やその周辺地域（少なくとも隣人との距離が500m以上ある）を指す。つまり日本だと田舎だ。その田舎に、フランス人の5人に1人が住む。本書では2章で、こういった「フランス流『元気な田舎』ができるしくみ」を、法整備や自治体のあり方、行政制度などを通

じて紹介したい。田舎での人口増加の具体例として、第 4 章で、人口が 1000 人から 3000 人に増え、観光で賑わう大西洋岸の漁村バシュルメール（Batz-sur-mer）（写真 5）を紹介する。地場産業振興策を中心とした地域再生の経緯と、観光業との兼ね合いについて取り上げる。第 5 章では、人口が 2000 人から 4000 人に増えたフランス南部農村のカドネ（Cadenet）（写真 1）を例に挙げて、移住者への支援策や、新住民の活躍を述べる。それぞれ人口増加に伴い、新たに浮上している課題についても触れる。第 3 章では、人口 738 人の中央高地の山間村ポンジボー（Pontgibaud）（写真 3）の生き残り策に取り組む姿と、村の高齢者たちの生活の実態に迫った。

　人口はしばしば都市部から村落部に移動したため、その中間に位置する人口 5 万人前後の自治体では、人口が増えなかった。シャッター通りも見られる。本書では人口 1 万から 10 万人の自治体を「町」と位置付け、その市街地の賑わいについて第 6 章で触れる。特に人口が 5 万人以下の町として、空き店舗率が 19％と高いサンブリュー（Saint-Brieuc）（写真 4）と、最も低い 1.7％のビアリッツ（Biarritz）（写真 2）を事例に、中心街活性化対策を述べる。第 7 章では、かつて重工業で栄えたシャルルヴィルメジエール（Charleville-Mézières）（写真 6）を取り上げ、地域活性化を主導する首長の姿を中心に、文化と教育に軸を置いた自治体の再生施策を紹介する。

　フランス農村部の景観は美しい。それぞれの地方の特色は豊かで、食事もワインもチーズも、その土地でしか味わえないものを大切にしている。観光客の集客数を争うのではなく、付加価値と全体収入に留意して、そのために独自の食文化を熟成させている。自治体は土地の歴史を大切にしていて、画一的な駅前、国道沿いの景観ではなく、地域独特の昔からの家並みを保全し、土地の景観保護に熱心だ。余り知られることのない、こういった小さな村落で、どのように政治判断が行われ、なぜ景観が保存され人口が増えているのか、その実態を村の旧住民や移住者の証言も交えて紹介したい。

写真1 人口が2000人から4000人に増えた農村・カドネ

写真2 空き店舗率1.7%のビアリッツ（人口2万5000人）

写真 3　人口 738 人のポンジボー　(提供：Mr P. BOREL)

写真 4　サンブリュー（人口 4 万 5000 人）の中心市街地

写真5　地場産業の復活に成功したバシュルメール（人口1000人から3000人に）

写真6　人口5万人のシャルルヴィルメジエール（提供：CVM自治体）

村落部に移住する子育て世代

　フランスで5人に1人以上が村落部に住んでいるのは、大きな数字だ。1つの社会現象になっていると言ってもよい。1970年代中頃から、都市部から村落部にゆるやかに人口が逆流したことが、社会に及ぼした影響は計り知れない。地方の利益を代表する上院議員の構成が、伝統的な右派中心から2011年に左派中心になった事実も、国民に村落地域における新しい住民の存在を意識させた。「新しき田舎人・ネオルーラル」（Néo rural）と呼ばれる新住民たちは、農村社会に大きな変化をもたらした。都会で教育を受けた彼らは、必ずしも村の中心部に居を構えず、フリンジエリアに一戸建てを構えることが多い。就労先は都市部に残し、自宅からクルマ通勤している例が大半だ。日本では農作業や観光業、起業など、複数の仕事で収入を確保する移住者が村に見られる。しかし、ある程度の固定収入が確保できないと、子どもたちに高等教育が必要となった時に、村を出なければならない。だから、確実な収入をもたらす雇用先の確保は、移住者家族

が長く村落部に住める必要条件でもある。ここに移住先の村での就職や雇用創出数にこだわる日本との大きな違いがある。大都市中心部、あるいはその郊外、地方の中核都市から、フランスの村落部に移住する住民には、大きく分けて2つのタイプがある。

　1つは30代から40代の子育て中の世帯。彼らは決して農業に憧れて、農村に「田園回帰」するのではない。できるだけ安いコストでの庭付き一軒家の入手、澄んだ空気と美味しい食材などの生活の質の向上を求めている。また固定資産税、住民税が安く、生活に必要なあらゆる出費を抑えることができる。首都圏から移住する者には、短い通勤時間が最も魅力だ。都市部への週末の外出にも積極的で、田舎で楽しいレジャーが乏しいならば、自分たちで作りだしてゆこうという行動性に富んでいる。映画館がない村では、友達同士で集まって家庭で映画観賞会を企画するような小さな活動から始まる。日本であれば、そんな田舎に住めばまず子どもの預け先がないと移住企画は躓くだろう。ネオルーラルたちは、村の中や周辺区域に保育施設がない場合は、自分たちが雇用先に通勤する途上で、子どもをより大きな自治体の保育先に預けている。

　もう1つは、親の死後、田舎の家を相続する60代の年金生活者だ。国民の9割が62歳前に入る年金生活は、社会からの隔絶を意味するのではない。本当に好きなことをしながら、違った形で社会に貢献してゆく新しい生活のはじめである。若きシニアたちは、1年中田舎に居住するわけではないが、別荘地として村の家屋を保存する。彼らやその子どもたちの30代40代の家族連れが、季節ごとに田舎を訪れる事実は、村に活気を与える上で無視できない。だが、日本ならば、誰も田舎の家には休暇に来ないと言うだろう。なぜフランス人は田舎に魅力を感じるのだろうか？

　フランス人たちは幼少時から、田舎にバカンスに出かけている。長らく海浜地域がリゾートの代表であったが、外国人観光客の増加に伴い物価が高騰した結果、かつては人気のなかった農村観光が見直され（図3）。長期バカンスの滞在先の13％が、海も山もない農村になった[*8]。予算に応じた

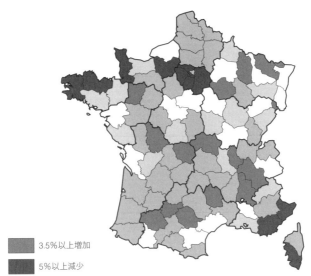

図3　2015年から2016年、県別、宿泊施設※における滞在延べ日数の変化。地中海沿岸部で減少、中央の村落部で増えていることが分かる（出典：INSEE　※ホテル、キャンピング等。個人宅での滞在やAirbnb経由の滞在日数は含まれない）

あらゆるスタイルの宿泊施設が、どの地方でも充実しており、情報提供も十分で予約もインターネットで簡単にできる。日本の田舎には、祖父母の家を除いて、子連れの家族が長期滞在できる宿泊施設は少ない。フランスの子どもたちは田舎での滞在経験に恵まれ、彼らの生活記憶の中では「農村と都会が近い」と言える。非日常の時間であるバカンスを過ごした特別な想いが、農村風景に重なっている。ただし農村の実態も見て、年中無休労働の農業の厳しさも理解している。「羊飼いになりたがる若手エリート」や「オフィス勤めからバイオ農業に転職する若者」は少数派だ。ただ、都会で一軒家購入が難しければ、ごく普通の発想として、「もう少し田舎に行ってみよう」となる。つまり若者が住みたいと思うくらい、田舎の景観、自然に魅力がある。村落での雇用創出にこだわらなくても、住みやすい環境を整えれば、より高い生活の質を求めて都会住民が村落部に移動している。

　農業が収益性の高い大規模栽培に集約化された結果、フランスの労働人口に占める農業従事者人口は1980年の8％から、2016年には3.6％まで激

減した。しかし、国の自給率は欧州では第1位だ。加工、貯蔵、輸送、小売りに至る農産物加工食品産業が、GDPの20.4%を占め、経済に占める比重も大きい*9。こういった数字も、一般のフランス人が農地や田舎に感じる親近感やある種の敬意につながるのかもしれない。

なぜ田舎の景観が守られたか

　フランスの街並みが、村ごとに統一性があり景観が揃っているのは、自治体が制定する現地の景観に適したローカルなルール、拘束力のある都市計画を適用しているからだ。その結果、都会の若者が住みたい、と思うくらい田舎の素晴らしい景観が保存された。都市計画事業は、自治体主導の一般財源に基づいている。1982年の地方分権法*10以来、地方主権が徐々に機能した。地方議員に加え市民も都市計画策定過程に参加し、合意形成を実行しながら土地整備事業が進められてきた。拘束力のある都市計画を自治体が策定する。自治体全体を見据えた計画がなければ、開発はない。フランスのまちづくりの基本だ。

　フランスのまちづくりのもう1つの特徴は、広域行政である。中核となる地方都市と周辺の複数自治体が広域行政連合体を構成して、地域整備を進める。小さな自治体である村も、必ず広域自治体連合に参画している。地方公共団体は、広域を対象とした公共交通計画を枢軸とし、住宅供給政策や商業政策も包括させた、整合性を持つ拘束力のある都市計画を施行してきた。また国は地方分権法以来、地方自治体の自主的かつ機動的な都市計画施行を可能にする法律を整備してきた*11。これらの40年間にわたる一連の都市計画法制定の根本に流れる哲学は、「連帯」と「環境保全」である。

新しい価値観に後押しされた若者たちの村落での暮らし

　成熟したフランス社会では、経済成長だけでなく、生活の安心、お互いに支えあえる信頼、コミュニティのレジリエンスなど異なった観点から、社会の発展を捉えている。社会的弱者である高齢者、子ども、次世代の人

口を生み育てる女性や家族を大切にする政策を整備した。できるだけ最大公約数の国民の最低限の生活を保障するために、手厚い最低賃金や生活保護などの福利厚生、国民保険制度などを導入してきた。社会からドロップアウトしても、セーフティネットがあるシステムと言える。それらを支えるのは税金なので、国民の理解と納得がなければ、このような政策を進める政治家や政府は存在し得ない。一人ひとりの生き方の多様性を認めて、人生の自己実現に貢献できるような社会を理想と考える政治家が選ばれる。フランスの博愛を基礎とした共和主義的な概念が、自由競争ゆえに格差が広がる現代社会において「連帯・助け合い」というキーワードを生み出し、徹底した富の再分配を実行する税制を実現してきた。都会と地方という対立軸ではなく、必ずしも首都で「勝ち組」になることを選ばなくても、地方都市や田舎でも豊かな生活を送ることができる。また各種の社会保障制度が整っているので、田舎でも最低限の生活が保障されていることは、若者の村落部への人口移動や、思い切った職業転換と無関係ではないように思う。この「連帯・助け合い」精神が、村落活性化においてどのように人々に働きかけているか、本書で読み取っていただきたい。

　もう1つの基本概念は、環境保全の立場からみた持続可能な社会の実現だ。2010年代に相次いで制定されたグルネル法[*12]を代表とする各種の環境保全法は、今の社会を支える30代から40代の若者を、シニア世代とはっきり異なる別の市民に育てた。一貫した環境教育が学校でも行われ、都市計画には、交通、エネルギーと気候変動、生物の多様性、廃棄物処理、水資源の統治などが盛り込まれた。フランスでは2010年1月1日の「微生物で分解不可の材料で製造されたプラスチック袋使用禁止法」[*13]により、スーパーなどから一切のプラスチック袋が消えた。身近なところから環境を多くの人が考え、それが農村景観の保全を大切にするところにもつながっている。村落部に移住する若者たちが、地産地消に近い食生活や自然を満喫できる住環境を求め、何よりも「生活の質」の向上を、都会から村落への移住の第1の理由に挙げている。人々は益々食材のトレーサビリティ

に注意するようになり、土、水、大気などに思いを馳せる。かつての「田舎」は、守らなければならない「自然景観」になり、有機栽培が求められる「農業」は、「国土の守り役」となった。そして都会から村落部に移り住むネオルーラルと、農業に従事する者たちとの距離が、農産物の直接販売などを通じて近くなった。消費者は、よりオープンで参加型、持続可能な農業の姿を求める。農業従事者は「短い物流」こそが、地域農産物の生き残りの方法と心得ている。生産者の顔が見える朝市が都会でも盛んなフランスでは、「スローフード」のような特別な表現は使わない。地元で生産された農産物の美味しさを理解し、差別化を徹底させ付加価値を与えた地方農産物を大切にしている。

　30年間に及ぶ筆者のフランス在住期間中、広い国土を見てきたが、打ち捨てられたような村落は少なくとも平野部では見られず、どんな小さな村でも花が必ず飾られている。景観に配慮した美しい役場前広場があり、人が住み手入れがされている気配がある。「国土保全のために、農村や村落部を守る必要性がある」という観念は広く国民の間でも共有されている。フランスでは都市部と村落部との不均衡の是正という観点から、各種の調査が行われている。都市部から村落部への人口移動によって、どのような変化、新しい現象が田舎に見られるか、その変貌に国中が注目している。

　本書は、国立統計経済研究所や官庁発表のデータを根拠とした。地元の人たちの証言とともに、地方都市と村の「仕事、子育て、生活環境と地域振興」をめぐる政策を読み解くことを試みた。第3、4、5章の人口2000人前後の3つの村の事例では、移住をメインテーマに置いている。第6、7章の人口1万から10万人までの3つの町の事例では、中心街活性化について書いた。日本とフランスでは法整備や人々の価値観も異なるが、賑やかで美しい地方を守りたい気持ちは同じだろう。元気な地方都市が健在だからこそ、田舎の人口も増えてきたフランス。本書から日本の地方創生への何かのヒントを、読者が感じ取っていただければ嬉しい。

注

*1　増田寛也『地方消滅　東京一極集中が招く人口急減』中公新書、2013 年
*2　本書では日本に関する数字は、特別の記載がない場合は総務省の公式ページを典拠とする。
総務省サイト：
http://www.soumu.go.jp/johotsusintokei/whitepaper/ja/h28/html/nc143210.html
*3　総務省「総合戦略 2017 改訂版」
*4　「過疎地域振興特別措置法」（1980 年）、「過疎地域活性化特別措置法」（1990 年）、「過疎地域自立促進特別措置法」（2000 年）と続く。
*5　「まち・ひと・仕事・創生本部」資料による。他の 3 つの目標は「地方への新しい人の流れをつくる」「若い世代の結婚・出産・子育ての希望をかなえる」「時代にあった地域をつくり、安心なくらしを守るとともに、地域と地域を連携する」
首相官邸サイト：https://www.kantei.go.jp/jp/singi/sousei/about/yosan/index.html
*6　本書ではフランスに関する数字や定義は、特別の記載がない場合は、フランス国立統計経済研究所（INSEE）の公式ページを典拠とする。
*7　2015 年から、人口 65 万人以上の経済圏を持つ広域自治体連合は、都市圏共同体からメトロポールに移行した。
*8　バカンスの行先の 50％が、地中海、大西洋などの海沿い。25％がアルプスやピレネーなどの山間部に行く。海も山もない平地である農村地帯、田園、田舎を滞在先に選ぶのは 13％だ。
*9　フランス経済省サイト：https://www.economie.gouv.fr/entreprises/chiffres-cles-industrie
及び、RTL グループサイト：https://www.rtl.fr/actu/debats-societe/combien-reste-t-il-de-paysans-aujourd-hui-en-france-7781203391
*10　Loi du 2 mars 1982 relative aux droits et libertés des communes, des départements et des régions
*11　Loi d'orientation pour l'aménagement et le développement du territoire du 4 février 1995
その後 2005 年に改正。
*12　Loi Grenelle d'août 2009 et de juillet 2010
*13　Article 47 de la Loi N°2006-11 du 5 janvier 2006 d'Orientation Agricole
現在、フランスのスーパーや店舗でのレジ袋は有料で、微生物で分解される材料で製造されている。

第2章 フランス流「元気な田舎」ができるしくみ

バシュルメール村（第4章）にて日曜日の朝、パン屋の前で会話を楽しむ村人

1 │ 地域活性化の中心となる地方自治体

フランス人と自治体との関わり方

　フランスではコミューン（以後、自治体と記す）と呼ばれる行政の最小単位の自治体が3万5357あり、市町村の区別はない*1。大半の自治体は小規模で、人口500以下の自治体が1万9185、500人から2000人の自治体が約1万1459ある。全人口の23.7%が、これらの小さな自治体に住む。フランス人の15.1%だけが、人口10万人以上の「Grande ville」(大都市)と呼ばれる41の自治体に住んでいる（図1）。国民の約半数が、人口1万人以下の小さな自治体に居住するが、これらすべての自治体が都会から離れた村集落ではない。フランスでは、人口1万人前後の数多い自治体が、通勤圏として大都市の郊外圏を構成している。郊外自治体の住民は、全人口の80%を占める都市部人口として分類される（図2）。

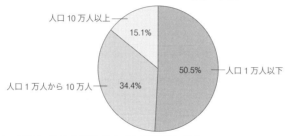

図1　フランス人の半数が小さな自治体に住む (出典：フランス市町村会CUF)

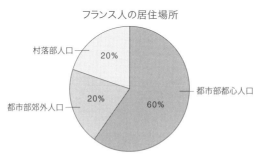

図2　フランス人の居住場所 (出典：INSEE)

　教会の周囲に成立していた共同体（小教区）を基本にしているので、自治体の規模が小さい。現在もその数が余り変わらないことを見ると、フランス人は元来大都市よりも、小集落に住むことが好きなのかもしれない。どんなに小さな自治体でも、選挙で議員と首長を選出する。自治体首長の半数は60歳以上、首長の5人に2人が年金生活者だ。副首長は、市町村議会の議員の中から首長が複数を任命する[*2]。日本の助役のように、公務員のポストではない。副首長は担当分野を持ち、行政各部門のトップのような役割を果たす。首長と議会が決定した施策が行政で実行されるように、議員と行政をつなぐ。人口10万人以下の自治体議会の議員は無報酬なので[*3]、本当に地域に関心のある市民、生活できる糧や職業を別途持っている市民が議員に立候補する。職業政治家は少なく、地域の経済生活に参加し、実情を知っている者たちが議会で発言する。このように地域議員への

敷居が低いので、都市部から村落部に移住したネオルーラルたちも、地方議会に立候補して村の政策に積極的に関わることができる。

市町村合併ではなく広域自治体連合へ

議員への手当の問題はなくても、人々の生活圏が広がるにつれて、小さな村落単位だけでの行政サービス提供には限界が生じてきた。1959年から、特定の目的や行政活動を共同して行う、コミューン間の事務組合[*4]の形成が始まった。廃棄物ごみ処理、下水道処理、道路管理、社会福祉施設やスポーツ施設の共有管理、スクールバスの運行、観光振興事業などを、複数の自治体代表者が協議して進める。小規模自治体の合併は余り進まず、その代わりにさまざまな形態の広域行政連合が形成された。1992年には法律で、小規模な村落の集合体であるコミューン共同体[*5]も、コミューン間協力公施設法人（以後 EPCI と記す）として、固有の財源を持つ行政府

表1　フランス行政の四層構造 （出典：CUF 及び DGCL の資料を元に筆者が再構成）

行政区分		数 (2018)	対象人口 (2016)
州		16	
県		101	
	群　Arrondissement （行政府と固有財源なし）副県庁府がある	329	
	カントン Canton （行政府と固有財源無し）県会議員の選挙区に相応する	4039	
コミューン間協力公施設法人	(EPCI)	1263	
	① メトロポール　Métropole （大都市を中心とした広域自治体連合） 経済圏40万人以上	21	1800万人
	② 都市圏共同体 Communautés urbaines （人口10万人前後の都市を中心とした広域自治体連合）	11	240万人
	③ 集落共同体 Communautés d'agglomération 7443のコミューンが対象	222	2360万人
	④ 村落共同体 Communautés de communes 26424のコミューンが対象	1009	2240万人
コミューン	（行政最小単位の自治体）　市町村の区別はない	35357	6640万人

として認められた。このコミューン共同体を本書では村落共同体と訳すが、参画自治体を対象にした都市計画や経済開発に取り組み、村落の発展に大きな役割を果たしている[*6]。

一方、大きな地方都市は、1966年にストラスブール、ボルドー、リヨン、リールなどが、周辺生活圏の自治体とともに、EPCIとして都市圏共同体を構成した。そして、2015年から次々と大都市圏共同体メトロポールに移行した[*7]。本書では大小を問わず、EPCIを広域自治体連合と記す（表1）。その上位組織として、州が16、地方において国を代表する県が101あり[*8]、県知事は国からの任命だ。フランスは大変な重層行政システムの国だ。それぞれの地方公共団体に選挙、議会、課税権、行政府があり、その権限業務は重複を避ける工夫がされている。

「6割自治」で、議員と行政職員の約半数が女性

このように大きな政府があり、地方都市の国立病院の医療スタッフや、公立教育機関、警察などの被雇用者も公職なので、フランスの全雇用の5分の1が公務員だ。公共機関が地方でも大きな雇用口を形成している。一般の企業就職と同じく、期日を決めた一斉採用はなく、ポストが空いた時にのみ募集がある。行政の地方公務員のグレードはABCに分かれていて、全国共通の国家試験を受ける。市長の秘書職はA、図書館司書補佐はB、自治体が管理する歴史的建造物の守衛はCなど、すべての職種と資格がリンクしている[*9]。全国一律の資格試験なので、他の自治体への転職も可能な流動性のある、年功序列ではない雇用形態だ[*10]。また中途採用も盛んで、一般企業やNPOでの活動履歴がある人材に、特別な国家試験の受験枠も用意されている。定期的な人事異動もなく、専門性の高い行政職員を養成できる。

フランスの地方自治の大きな特徴は、自主財源が全国平均で60％を占めることだ。建築所有物不動産税、非建築所有物不動産税、住民税、日本の法人税にあたる事業税[*11]の地方4税が、地方公共団体の財源となり、上限

はあるが課税率は議会が決定する。

　フランスの地方自治のもう 1 つの特徴は、首長や議員、行政職に見るジェンダーバランスだ。現在、首長の 16.1％が女性だ[*12]。人口 10 万人以上の都市でも女性市長が 6 人いる。また人口 1000 人以上の自治体議会議員の 48％が女性である。フランスの首長選挙は名簿式投票制度で、最初の議会で首長は議員の中から互選される。2014 年の選挙から、人口 1000 人以上のすべての自治体の選挙で、名簿の半数は女性を記名することが法律で義務付けられた[*13]。また、自治体や県の行政府の職員の 5 人に 3 人が女性で、上級職、事務職、技術職のそれぞれのカテゴリーで均等にポストを占めている。この数字は、子育てのしやすいまちづくりを進め、多様な意見が議会や行政で反映されることと無関係ではないだろう。

2 ｜ 魅力的な田舎を守れる自治体主導の都市計画

　地方公共団体と地域の政治家たちは、どのようにして魅力的な田舎の景観を保つ政策を実行してきたのだろうか。

　フランスには 1967 年から、ゾーニング（土地の利用要綱）を示す「土地利用計画」[*14] が存在した。この計画は、2000 年の「連帯・都市再生法」[*15] 制定以降、保全系と事業系のプロジェクトを合わせて示す「地域都市計画」[*16] になった（以下 PLU と記す）。PLU は日本の建築基準法と景観法の内容を合わせ持ち、建築に関する規制 16 項を記す。高さの最高限度、前面道路や公共空地からの後退の表記は必須だが、建蔽率、容積率は自治体の任意である。建物の外観規制も任意だが、規定を設けている自治体がほとんどだ[*17]。こういった規定集を含む PLU は、自治体議会で議決される法定条例である。

　この PLU が定めた土地利用計画を基準として、自治体首長が民間事業者や市民に「建築許可」[*18] を与えるルールが確立された。「建築許可」は単なる確認ではなく自治体が有する許認可権で、すべての建造物が対象となる。

事業のPLUの規制基準への適合性を、地方自治体の行政が審査する。フランスの村落で屋根瓦の色から窓枠の大きさまでが揃っているのは、自治体が制定する現地の景観に適した、ローカルなルールであるPLUを適用しているからだ。議会で法定条例化された都市計画がない地域には、開発はあり得ない。他にも国が規定した厳しい広告取締法[19]や、歴史建造物から半径500m以内の建築を制限する景観保全法[20]なども、景観整備には欠かせない。

2017年から「住宅供給と新しい都市計画法」[21]で、PLUは、広域自治体連合を対象とした「広域都市計画」[22]に移行した（以下PLUiと記す）。PLUiは広域自治体連合に加盟するすべての自治体間の協議を経て策定され、村落も勝手な土地整備や開発はできなくなった。またPLUiでは、従来は別々に策定してきた住宅供給計画[23]と交通計画[24]を、都市計画に統合させたのが特徴だ。PLUiは、地域全体の発展と整備のヴィジョンを語る都市計画マスタープランであると同時に、規則書としても大きな規制力を持つ。ゾーニングを決定するのも、建築規制の内容を検討するのも地方議会の議員たちだ。複数の自治体が、地域発展計画の総合戦略文書であるSCOT[25]を基本として、PLUiを策定するプロセスは、拙著『フランスの地方都市にはなぜシャッター通りがないのか』で詳しくご紹介しているので、是非参考にしていただきたい。

このPLUiを基本にして、公共交通導入と一体化させた都市計画事業が、地方都市で1990年以降主流となった。徐々に住居政策や商業政策も包括させた、整合性のある都市政策を広域自治体連合政府が実行してきた経緯は、拙著『ストラスブールのまちづくり』で紹介した。シャッター通りが少なく昼夜人で賑わっている地方都市ストラスブール（写真1）、ナント、ツールーズ、グルノーブル、レンヌは経済圏人口が60万人前後で、メトロポールを形成している。共通項は公共交通が充実していて、都心に移動する複数の手段が保証されていることだ。また必ず都心で歩いてショッピングができて、街中での文化や販売促進イベントが多い。中心部に行政機

写真1　賑わう地方都市ストラスブール（人口28万人、経済人口48万人）

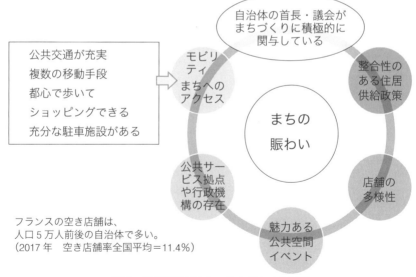

図3　空き店舗が少ない地方都市の共通項

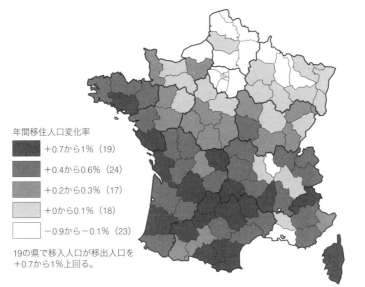

図4　2013年から2050年までの各県の転入、転出人口推計。今後もパリや北部から、南西部、南部に人口が流れることが予想されている （出典：CGET）

構や公共サービス拠点が整っている。整合性をもった持続可能な住宅供給政策があり、何よりも自治体の首長・議会が、都市政策に積極的に関与していることが挙げられる（図3）。

3｜フランスの人口はどのように動いているか

村落部への就労人口の囲い込み

　パリだけでなく、全土にバランスよく大都市圏メトロポールが存在する。これらの元気な地方都市から、その郊外へとまず人口が流れた。それから徐々に人口10万人程度の県庁や副県庁所在地の小規模な自治体やその郊外からも村落地帯に人口が転出した。逆にメトロポールと村落地帯との中間地帯に位置する、人口が1万人から10万人の町の人口は必ずしも増えていない（図4）。特に近隣に雇用を提供する都市がない場合には、転出者増

の町が多い。古い家並みが残る町の中心部には必ずしも子育て世代に適した住宅はなく、また旧来の自動車中心の市街地は混雑しており、文化施設の充実度が不十分なことも多い。だから、若者たちは5万人前後の町を通り越して、村落部に居を構えた。

　元来、都市部と農村部がくっきりと区別されていたフランスでは、都市の無秩序なスプロール化を防ぐために、郊外に発展拠点を複数設定して、都市機能の集約化をはかっている。「土地利用の削減」と表現されるコンパクトシティ構想は、農村をたたんで、都市に機能と人口を集約することではない。農村や村落からの撤退や、都市部への住居誘導は含まれていない。むしろ今までみてきたように、都市からの人口還流が続いている。

　村落部への移住組は、30代の子育て世代と、60代の年金生活者世代が中心だ。フランスの義務教育は6週間登校して2週間休み、夏休みは8週間という休暇が多いリズムだ。女性の就労率が85％と高いので、母親が働いている間、子どもたちが祖父母と一緒に農村や海辺で1～2週間のバカンスを過ごす機会が多い。また小、中学校での課外学習などでの農村体験も盛んだ。特別なイベントがなくても、自然を楽しむ態度が幼少時から培われている。日本のお花見のように食事やカラオケをセットにして、自然の中で過ごす時間を行事化するような習慣はない。森や山に行けば、ただ普通に人々は歩いている。統計でもバカンスでの活動として、「歩く」、いわゆる日本での「ハイキング」が50％を占めている[*26]。年代を問わずフランス人は、都市部以外の田舎で、必ずしもお金をかけなくても楽しく時間を過ごす術を幼少時から学んでいると言える。だから、村落部への移住にも、都落ちするような心理的抵抗は少ないとみられる。

　また日本では故郷に残した両親が農作業を続けるという状況もあるが、フランスでは高齢者がいつまでも土地を耕している風景は、余り見ない。農業従事者が年金生活に入る平均年齢は、土地持ち農家、農地を借りている農業従事者、農業法人の被雇用者を問わず63歳前後で、日本では考えられない若さだ[*27]。多くの国民が週の法定労働時間35時間、有給休暇5週間

を享受する国で、土曜も日曜もない農作業から解放される日を、むしろ楽しみに待っている。一般に年金生活を心待ちにしているのは、フランスで職種を問わず多くの国民にみられる姿勢だ。また耕作対象となるすべての土地を所有している農業従事者は、21％しかいない。農地貸借計画を結び、農地の借受人として農業を営んでいる者の方が圧倒的に多いので、農業経営者の世代交代がビジネスライクに行われている。村落の農業従事者が第一線から退く年齢が若く、地域の議会、農協などの世代交代が早い背景も、よそ者が村落に溶け込みやすい要素の1つだろう[*28]。

過疎地帯「空白の対角線」

一方で、フランスにも活性化がはかどらない過疎地は存在する。北東部から中央高地を通り抜けて、スペイン国境沿いの南西部までの斜めの地帯には、人口密度が1km²当たり10人以下で、「過疎地」に指定された自治体や、人口密度が10〜30人で「過疎化」が進む自治体が集中する。北はかつての重工業地帯、産業や観光資源に乏しく農業に不利な中央高地、南西のピレネー山脈までのラインを「空白の対角線」と名付けている。この地帯では、雇用を供給できる地方都市が数少ないのも特徴だ（図5）。本書の7章で紹介するシャルルヴィルメジエールは、この対角線の北東の端に位置し、周辺に過疎地指定自治体が多い。1995年の「地域開発と整備の基本法（LDTR法）」[*29]で導入されたZRRと呼ばれる「村落活性化地域」指定[*30]の条件は、「恒常的な人口の減少」、「就労人口の減少」、「農業就労者の人口に占める割合が高い」だった。ZRR指定区域で起業する事業者には、法人税免除などの優遇措置が法律で許可される[*31]。特に、地域のデジタル化に関わる事業者、エンジニアリング事業者、手工業者、商店経営などの自営業者、医療関連業者、高度スキルの自由業者が優遇措置の対象となる。2017年7月、1万3845の自治体がZRRに指定された[*32]（図6）。2018年からは、人口密度と住民の所得水準が低い村落共同体が対象となった。本書3章で紹介するポンジボーと、その村落共同体に参加するすべての村落

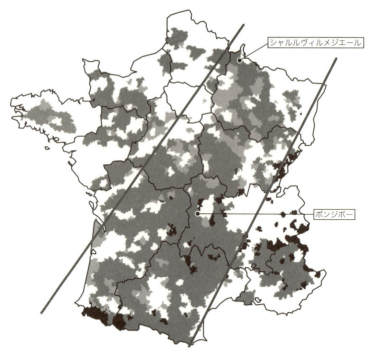

図5 2018年の村落活性化指定地域。グレーの部分が指定過疎地（ZRR）、黒は優遇措置を受ける山間部自治体。空白の対角線地帯が読み取れる （出典：CGET）

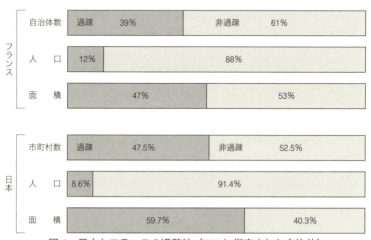

図6 日本とフランスの過疎地（ZRRに指定された自治体）
（出典：（上）CGET、（下）総務省「過疎状況の現況」2018年3月発表）

群は、現在も ZRR 指定を受けている。本書では ZRR 地域を「過疎地」と記す。

過疎地対策関連法による国からの支援

　フランスの過疎地における農業振興は本書の目的ではないので触れないが、前述の LDRT 法改正で、過疎地での雇用促進、住宅の提供、公共サービス改善の3本柱の支援策が設けられた。過疎地を含む村落自治体からの公募方式で、優れた村落活性化拠点（Pôles d'excellence rural）に、政府が大幅な補助金を支給した。2006 年には 379、2011 年には 263 のプログラムが優良プロジェクトの認定を受けた。そのうちの 34% のプロジェクトは保育所、高齢者施設、スポーツ施設など住民へのサービス向上に関するもので、40% は地域の農業や林業を活かした起業支援に関わる。26% は地域の既存遺産の活性化で、歴史建造物や景観保護が対象だ。合計 642 のプロジェクトのうち、346 がすでに完了、33 が中止、残りは続行中である。全体で 1549 件の事業が立ち上げられ、合計で 8 億 7100 万ユーロの補助金が投与された。補助金は最大でそれぞれのプロジェクト総コストの 33% までと決まっており（ただし過疎地 ZRR では 50%）、自治体側の高い負担が求められているので、交付金目当てだけの事業ではない。全体で 4000 の雇用を生み出したと政府は発表している*33。一般公募に答える形で、自治体がプロジェクトを政府に提出して、審査の結果補助金が供与されるしくみは、フランスでは一般的だ。1990 年代から 2010 年代に、自治体が公共交通プログラムを政府に入札して、計画履行の 25% を上限とした補助金を受けた方式と共通している。補助金の申請先が複数の省庁ではなく一本化されており、自治体側はプロジェクト内容の検討に集中できる。村落はこういった補助金制度も活用しながら、地域コミュニティの活性化や、住みやすい環境整備を図ってきた。

　それでは、過疎地指定を受けているポンジボー村落の地域再生の姿からみていこう。

注

* 1 　フランス自治体に関する数値は基本的にフランス総務省のデータ（2016 年）による。2018 年のコミューン数は、フランス市町村会の 2018 年 2 月の発表による。
* 2 　500 人以下の村で、助役は 3 人まで、議員は 11 人まで認められている。人口 8 〜 10 万人の自治体では 15 人の助役、30 万人以上の都市では助役は 20 人まで任命できる。
* 3 　首長報酬は、500 人以下の自治体で 646.25 ユーロ。5 〜 10 万人の自治体で、4181.62 ユーロ。10 万人以上の自治体では 5512.13 ユーロ、パリ市長は 8650.59 ユーロ。
　　議員報酬は、10 万人以上の都市で 228.09 ユーロ。人口約 50 万人のリヨン市議会の議員は 1304.98 ユーロ、パリ市議は 4807.62 ユーロの手当がある。複数の地方公共団体の議員職兼職も可能だが、収入には上限があり、たとえば市長と国会議員を兼職した場合、収入の上限は 8399.70 ユーロ。
* 4 　複数の目的を共有するコミューン間事務組合（SIVOM：Syndicat Intercommunal à Vocations Multiples）
* 5 　Communauté de Commune：本書では村落共同体と訳す。
* 6 　コミューン間協力公施設法人（以後 EPCI と記す）は、固有の税源を有する広域自治体連合（EPCI：Etablessement public de coopération intercommunale）である。2014 年からはこの共同体が、「住宅供給と新しい都市計画法」（ALUR：La loi pour l'accès au logement et un urbanisme rénové）により、参画自治体領域全体を対象とした都市計画を策定する。2015 年には「共和国における地方自治体の新しい編成法」（NOTRe：La loi portant nouvelle organisation territoriale de la République promulguée le 7 août 2015）で、経済開発など 7 つの分野で、共同体が各自治体に代わって業務を行うことを制定した。
* 7 　2014 年「メトロポール法」（La loi de modernisation de l'action publique territoriale et d'affirmation des métropoles du 27 janvier 2014）
* 8 　県の下に副県庁が置かれる群と選挙区分としてカントンがある。しかし現在では余り意味を持たない。表 1 参照
* 9 　https://www.emploi-collectivites.fr/grille-indiciaire-territoriale
* 10　年功序列制度ではないので、昇進やレベルアップのためには、役所内で研修を受け、再度国家試験にチャレンジして上級資格を取得する必要がある。
* 11　フランスの法人税は地域経済貢献税（CET： Contribution Economique Territoriale）と呼ばれ、法人所有不動産に課税する CFE と、営業結果の付加価値に課税する CVAE から成る。自治体、広域行政連合体などの地方公共団体の財源となり、課税率はそれぞれの議会で決定する。
* 12　人口が 500 人以下の村に、女性の首長が多い（17.9％）
* 13　2003 年「立候補者リストにおける男女平等法」（Loi n° 2003-1201 du 18 décembre 2003 relative à la parité entre hommes et femmes sur les listes de candidats）立候補者名簿における男女平等に関する法律は、その後幾度か改変され、2015 年の Loi Rebsamen du 17 août 2015 で、各党が同人数の男女立候補をたてることを、1000 人以上のコミューンに義務付けた。
* 14　Plan d'Occupation de Sols
* 15　Loi Relative à la Solidarité et au Renouvellement Urbaine：本書では「連帯・都市再生法」と記す。
* 16　コミューン単位で策定する都市計画マスタープラン（PLU： Plan Local d'Urbanisme）
* 17　この規制の根拠は、都市計画法典 5-111 号の「建築物の大きさ、外観などが、周囲の環境や景観を損う場合には、建築許可が交付されない」にある。
* 18　建築許可：Permis de construire

* 19　Loi n° 79-1150 du 29 décembre 1979 relative à la publicité, aux enseignes et pré enseignés
その後、幾度か改定されている。
* 20　Loi du 25 février 1943　sur les Monuments historiques Archives Nationales
* 21　＊6参照
* 22　広域都市計画マスタープラン（PLUi : Plan Local d'Urbanisme intercommunal）
* 23　PLH : Programme Local d'Habitat
* 24　PDU : Plan de Déplacement Urbain
* 25　SCOT : Schémas de Cohérence Territoriale　地域発展計画の総合戦略文書SCOTの策定が、人口3万人以上のコミューン共同体に義務付けられた。小さな自治体のみでゾーニングや土地利用を進めるのではなく、もっと広域で整合性がある経済発展を目的としている。SCOTには拘束力はないが、農地や森林地帯も含めた環境に配慮した地域整備開発のヴィジョンを示すことが求められる。
* 26　TEF Edition 2010（INSEE）及び https://www.insee.fr/fr/statistiques/2493350（2016）
* 27　https://www.la-retraite-en-clair.fr/cid3191228/la-retraite-dans-monde-agricole-quelques-chiffres.html
* 28　https://www.insee.fr/fr/statistiques/2569448?sommaire=2587886　その他に村落部の人口増加の中には、フランスに投資する外国人も含まれる。主に北ヨーロッパの定年退職者が、田舎に別荘や農家民宿などの建物を購入し、そこに居住しながら副収入を得るというケースが多い。
https://www.vousfinancer.com/credit-immobilier/actualites/etrangers-immobilier-en-France
* 29　「地域開発と整備の基本法」：loi d'orientation pour l'aménagement et le développement du territoire du 4 février 1995。その後2005年に改正。
* 30　村落活性化区域（ZRR : Zone de revitalisation rurale）
* 31　フランス政府サイト：https://www.legifrance.gouv.fr/affichTexte.do
* 32　地方自治体総合法典（CGET : Code général des collectivités territoriales）による。地方自治に係る基本的な法律事項を総括した法典。この他に、過疎地指定は受けていないが、同様の優遇措置を受ける山間部の自治体が1011存在する。
* 33　フランス政府サイト：http://www.vie-publique.fr/actualite/alaune/territoires-bilan-poles-excellence-rurale.html

第3章
人口738人・ポンジボー村の生き残り策―暮らしやすい生活環境と仕事づくり

ポンジボー村の診療所前でスタッフたち

1 │ 働く人の顔が見える店舗が残る村

　ポンジボー*¹は、レストランガイドで有名なミシュランタイヤ本社があるクレルモンフェラン市*¹から、北西へ19kmに位置する面積4.59km²の小さな村だ（写真1、2）。フランス中南部のオーベルニュ*¹中央山塊地にあり、ZRR村落活性化地域（第2章38頁参照）に指定されている過疎地だ。村の北部に、12世紀に建設が始まり15世紀に完成した古城があり、1995年に歴史遺産建造物に指定された。現在も城内に居住しているオーナー夫人みずからが入場券を販売している。広大な庭園と、今は展示場になった元馬舎などの建物群や敷地一体のメンテナンスを任されているのは、フランスの北部ノールパドカレー県*²から移住してきた、庭師と大工業の30代の若いカップルだ。インターネットの採用ページで見つけたこの仕事に満足している。「村には小、中学校があり、クルマで30分の距離のクレルモ

写真1　ポンジボー村全景　(出典：Office de Tourisme des Combrailles 発行のしおり N°16)

写真2　ポンジボー村全景　(提供：Mr Borel)

ンフェラン市には、高校と大学があるので、今後の子どもの教育にも困らない」と話す。近距離に人口 14 万人の地方都市があるので、村落居住が可能な事情が分かる。

　特殊鉛を発掘していた 1880 年には 800 人が鉱山で働き、村の人口は 1200 人近くまで増えた。元精製工場の近くにある花で溢れる墓地には、炭鉱夫やエンジニアとして村に滞在したイギリス人たちのお墓も残されている。採掘後の醜い裸地を山間に残しながら 1898 年に鉱山は閉山し、村落は強烈なダメージを受けた。人口はその後減り続けたが、鉱山のおかげで成り立っていた商店舗が現在も存続し、大切な過去遺産になっている。生活に必要最小限のサービスを提供するお店が村に揃っていたことが、都会からの移住者を引き寄せる 1 つの要素となり、村が生き残った。2010 年から 2015 年まで村への移住者の方が、転出者より 1.4% 多い。死亡による人口自然減少率が 1.2% なので、人口が 0.2% 増加した。人口 738 人の過疎指定村に移住者が増えている。

　村の中心地には「村役場通り」があり、美味しいお肉やチーズ専門店、ベーカリーが 3 軒、美容院が 3 軒、薬局 2 軒、洋品店、花屋、自動車教習所、キャンドルなどのインテリアショップ、エステティックサロンまで揃っている。チョコレート専門店も一昨年、過疎地出店税制優遇措置を受けて開業した。カフェが 3 軒、ホテル兼レストランも 2 軒ある。ただしホテルは夏以外は週末しか営業していない。村が運営する 86 名の収容が可能なキャンプ場もある。驚いたのは、こんな小さな村に、都会と全く変わらない品揃えが豊富な敷地 1000m² のスーパーマーケットがあることだ。ガソリンスタンドも駐車場にあり、客はポンジボー周辺の村落からも訪れる。寂れた限界集落をイメージしていた私は面食らった。

2｜村会議員の 3 分の 2 は「よそ者」

　ポンジボーは、行政的にはフランス中南部の中央山塊[*3]とアルプスまで

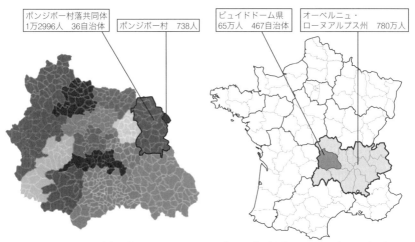

図1　フランスの州とピュイドドーム県、ポンジボー村落共同体とポンジボー村

を包括するオーベルニュ・ローヌアルプス*3 州のピュイ・ド・ドーム*3 県に位置する（図1）。ポンジボーから北東18kmに、ミネラルウオーターで有名なヴォルビック*4 があり、休火山地帯でなだらかな山間の放牧地が広がる。ポンジボー村では郵便局・中学校・国家憲兵隊*5 派出所・税務局が、ある一定の雇用を供給していたことも、村が消滅しなかった要因の1つだ。

村の中心大通りの立派な建物が村役場だ（写真3）。国から自治体への交付金が減少して、村の職員は14人から10人になった。2014年度の村の歳入は約100万ユーロで、そのうち32万ユーロの財源が住民税と固定資産税だ。出費をできるだけ切りつめるために、夏の花火大会を中止したり、各種NPO団体への援助額を少なくしている。年始に行う66歳以上の村民へのプレゼントは、チョコレートひと箱か、夕食への招待かのどちらかを選んでもらう。村長（写真4）の母は村出身者だが、父はアルジェリア人で、本人もアルジェリアで生まれて育った。ポンジボー村で毎年夏にバカンスを過ごし、クレルモンフェラン大学を卒業して1971年に村の娘と結婚した。1983年から2013年まで村役場で勤め、定年退職後2014年に村長に選ばれた。村長としての目標を聞くと「住民税率をこれ以上、上げないこと」

写真3　村役場とその正面のカフェの入口の看板

写真4　ポンジボー村長ウアシェムさん（Mr Ouachem）

という答えが返ってきた[*6]。抽象的な理想論ではなく、村の財務管理を気にする村長の答えは具体的だ。現在15人いる村会議員のうち、村出身者は4人しかいない。村長は「村の発展はよそ者が作ってきた」と明言した。村長の手当ては1200ユーロ、副村長は300ユーロ、村会議員の手当額はゼロなので、議員は年金生活者かあるいは勤労者だ。15人の議員のうち9人が現役で就労している。小規模自治体の共同体への参画がNOTRe法で義務付けられ、多くの村役場業務が村落共同体に移行したために、ポンジボーのような小さな村が直接責任を負う分野は限られている[*7]。村領域の土地利用計画PLUの策定と、施主への建築許可発行[*8]、幼稚園と小学校の建物の管理と給食などの運営、道路や街灯管理、広場の整備などである。だからポンジボー村のマネジメントの実態は、村落共同体の活動も照らし合わせて見る必要がある。なお文中の数字は、2018年5月のインタビュー時の情報に基いている。

3 | 村落共同体の活動

ポンジボー村が参画するシャバノン・コンブライ・ヴォルカン村落共同体[*8]（以降、便宜上ポンジボー村落共同体と記す。図1）は、2017年の設立で、対象となる住民は1万2996人。参画の36自治体はすべて、過疎地指定を受けている[*9]。ポンジボー村落共同体は徴税権が認められ固有財源があり、議会機能を持ち51人の議員がいる。議会では、就業支援、上下水道、家庭廃棄物処理、道路、福利厚生、経済発展、地域交通、土地整備などの開発計画を立てる。ポンジボー村落共同体の特徴は、人口分布はバランスが取れているが（図2）、農業従事者率が32.8％と高く（フランス平均3.5％）、高学歴者の割合が低い。消費単位当たりの年間所得の中央値が1万7722ユーロで、全国平均の2万5293ユーロと比べて低い[*10]。課税対象世帯が43.1％しかなく、全国平均の57.7％よりかなり低く、フランスの中では「貧しい地域」とみなされている。だが村落共同体の住民の持ち家

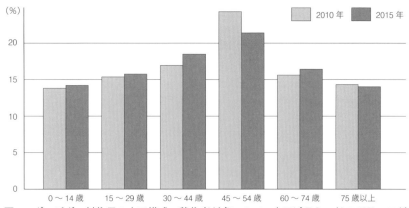

図2 ポンジボー村住民の人口構成。移住者が多いので、人口ピラミッドのバランスが取れている（出典：INSEE）

率は77.4％と大変高く、家賃を支払う必要がない。50％の住民が寝室が3部屋以上ある庭付きの大きな家屋に住み、41％の家屋にはセントラルヒーティングがある。所得の高さは、必ずしも生活の質に比例しない。

村にUターンして、地域のために仕事をする若い高学歴スタッフ

　村落共同体のポンジボー事務所の所長補佐モネロンさん（写真5）は、祖父母と父が農業従事者だ。土地に愛着を感じており、都会の大学で地域経済発展を専門とする学業を終え、人口250人のポンジボー近隣の村に戻り、祖父母の家屋を改良して住んでいる。最初に県内の小さな村落共同体の事務局長職に、そして1年前に現職についた。職住接近で通勤に時間がかからず、家族も友達も近くにいて、庭付きの大きな家が手に入り、空気の綺麗な村での生活に満足している。週に3回はクレルモンフェラン市に、映画、ショッピング、友人たちとの食事に出かけており、都会と田舎の双方の長所を享受できる「質の高い理想の生活条件」だそうだ。日本で人口1000人以下の田舎に住む若者から、こんな発言を聞くことができるだろうか？　出身村の小学校の同期生6人のうち、4人が田舎に戻ってきて、看護師、保育所勤務、工具、農業従事者として働いている。住むのは人口が少

写真5　ポンジボー村落共同体・事務所長補佐モネロンさん（Ms Monneron）と事務所の隣にある学校（左）と図書館（右）

ない出身村で、就労地は農業従事者を除いては、クルマで30分以内の近隣の村や町だ。そしてモネロンさんからは、大都会の広域行政自治体連合メトロポールの職員の方たちと全く同じ、仕事に対する熱意やダイナミズム、ITを駆使した高い情報処理能力、オープンなコミュニケーション力などを感じた。

　ポンジボー村落共同体の予算は約1600万ユーロで、職員が144人いる。財源は、エリア内の住民税や固定資産税と企業の事業税(第2章*[11]参照)だ。共同体の業務を案内するウェブサイトは、住民に分かりやすくできているが、外部に発注せず職員たちで作成した*[11]。共同体の事務所では、行政のあらゆる情報入手や手続きができるような、ワンストップウィンドウを設けている。「市民サービスハウス」*[12]と名付け、家族手当・社会保障・年金などの支給、就職支援、公営住宅探し、交通手段・法務相談などを受け付

けている。案内冊子では、相談対象によってどんな個人情報を窓口に持ってくれば良いのか明記してあり、大変親切だ。共同体が行う、市民に直接関与する業務を紹介する。

共同体が提供する高齢者支援サービス

　共同体が一番力を入れている活動は、1978年に農家の女性たちに副業を提供する目的で始まった、高齢者への在宅支援サービスだ。社会扶助法典[*13]が規定する高齢者の自立度係数[*14]に従って、各種のサービスを供給するスタッフを送る手続きを代行する。フランスの高齢者自立度係数は、日本と逆で6は自立した生活が可能、1で介護の必要度が最も高い。5と6の高齢者は、在職中に積み立ててきた退職金公庫などに、支援サービスの料金一部負担の補助を申請できる。介護度が高くなる4から1と判定された高齢者や障害者は、県の「自立支援手当」[*15]を受けて、ハウスキーピングや食事支援サービスの支払いにあてる。また公共の支援や第三者機関による料金負担が望めないケースでは、村落共同体が直接料金を徴収して、有料在宅サービスを提供する。高齢者の生活体制を整えるための家庭訪問、ニーズの分析、各家庭の事情を考慮した料金負担先の検討、実際のサービス供給の手配、定期的な再評価、と日本のケアマネージャーのような業務を担う者が共同体に5名いる。また各家庭に入って職務にあたっている90名のヘルパーさんたちは、フルタイム雇用の地方公務員だ。日本では介護士やヘルパーさんは薄給できつい仕事というイメージだが、フランスでは資格を持って就労する公務員職である。共同体は、高齢者と障害者を対象に、自宅への食事配達を行うNPOとの連絡も取り持つ。1食当たり10ユーロで、共同体が支給サービスへの登録、決済などの手続きを一括して行う。

田舎のモビリティは県と共同体で分担

　村落共同体が、山間の村から毎週木曜日にポンジボー村の朝市へと、月の第2と第4水曜日にはクレルモンフェラン市へと、バスを運行している。

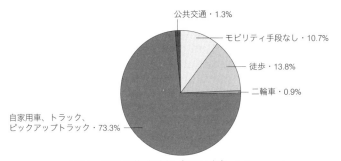

図3　村民の移動手段（2015年）（出典：INSEE）

共同体エリア内でのイベントの開催時には、送迎バスを用意したり、オンデマンド・サービスもある。公共交通を利用する習慣が少ない地域なので、住民は自家用車移動が一般的だ（図3）。ポンジボー村長が、「このあたりの人は、クルマでお店の中まで行けるなら行くよ」と語る事情は、日本の田舎と同じだ。だから街中の駐車場整備も村の大切な仕事だ。

共同体エリア以外へのお出かけや通学に欠かせないバスは、県が運行している。ピュイ・ド・ドーム県全体の面積は約8000km^2、人口は65万人しかいない。村落共同体の境界を超える移動、各村落からクレルモンフェラン市への移動、山間部の僻地バスのオンデマンドサービス、ハイキングができる行楽地へのバスなどを31路線、400のバス停で運行させている。スクールバスには別途560台のバスが投入され、バス停の数は3400、利用者数は2万4500人。どのサービスにも社会運賃制度が適用されており、低所得者は安い運賃で公共交通を利用できる[*16]。フランスのかなり田舎に行っても、必ず県バスが走っている風景はよく見られ、公共交通サービスを県と村落共同体でうまく分担して提供している（写真6）。

このほかにタクシーによる病院送迎サービスが普及している。透析など定期的に患者を目的地に送迎する契約を、タクシー運転手と医療保険庁が締結する[*17]。運転手にとっては確実な収入につながり、利用者にも快適な移動手段である。担当医師の「第三者による移動手段供給の必要性」を証

写真6　県バスの乗り場　快適なバス停には、「ピュイ・ド・ドーム県バス」と運営主体が明記されている

明する処方箋が必要だ。透析やがん治療のためなど長期医療のために通院が必要な場合は、タクシー代の100％を医療保険庁が支払う。障害を持ち運転できない人、労災の被災者、妊婦、メディカルチェック、遠隔地にいる専門医の診察が必要な場合なども、医療タクシーを利用できる。一時的に運転ができなくなった場合の通院にも適用できる。少なくとも費用の65％は医療保険庁が負担する。残りは各自の共済保険契約[*18]の条件次第だ。利用者の先払いを必要としないケースが多い。タクシー運転手あるいは運送会社が医療保険庁に直接インボイスを送る。このシステムは過疎村落住民のみを対象とするものではなく、フランスの国民すべてが恩恵を受けられる。コミュニティバスだけではなく、個々のケースに対応するために、既存のタクシーサービスを公共交通として効果的に利用している。

　交通サービスの他に、村民から共同体にリクエストが多い行政サービス

は、子育て支援、文化施設やスポーツ施設の充実だ。水曜日がお休みの学校が多いので、児童向けのデイセンターも村落共同体が運営している。共同体は3つの常設図書館をはじめとして、移動図書館、小学校への音楽教師派遣など、幅広い文化活動の支援を実施している。村落民にとってはこういった文化、音楽の存在が、「村に活気がある」という実感につながるそうだ。

村と村落共同体にみる、議会と行政の協働

　平成30年度に日本政府が発表した「自治体戦略2040構想研究会第二次報告」では、スマート自治体と圏域マネジメント（都道府県と市町村の二層性の柔軟化）という表現が使われている。スマート自治体とは、人口減少に備えて行政業務をできるだけ標準化、共通化させ、業務の効率化を図る。しかし標準化が、個々の自治体の住民との直接対応を通して得る独自性や自立性を減少させてはならない。フランスの例では市町村を越える圏域に権限を移管しつつ、小さな行政単位である自治体がその存在感を失うことはない。市町村合併を行わず小さな村であり続けたおかげで、自治体の議員や行政職員たちは自分たちの地域の人を良く知っていて情報もある。その議員たちが、広域行政連合である村落自治体の議会のメンバーとなり、それぞれ自分の村の利益を主張しながらも、地域全体の調和のある発展計画、土地整備計画や経済投資を決めてゆく。村落共同体の議会では、いち村落への商業店舗の進出まで議論の対象となる。

　行政職員たちにとって首長や議員は上司だ。立案能力がある行政職員は議員たちにどんどん村落活性化の企画を提案する。議員VS行政の対立構図ではなく、大きなプロジェクト実現の際には、議員と行政はスクラムを組んで住民への合意形成にあたる。次に紹介するポンジボー村落共同体の診療所誘致は、その良い事例だ。地域発展のためのビジネスプランを議員たちに提案して、地域で住民と議員たちが決めたことを実行してゆくのが行政職員だ。議員や行政職員自身が「村で住み続けたい」という強い願望

を持ち、地域の生活サービスを維持、あるいは改善、発展させる取り組みを協働して続けている。

4｜村の診療所に来る若い医師たち

医師・議員・村落共同体の協力でできた村の診療所

　子どもを伴う若い世代の移住誘致に欠かせない医療サービスの維持については、医学生の過疎地誘致支援がある。「公共サービス契約」[*19]は、医学生時代に月1200ユーロの奨学金を受け取る代わりに、医師資格取得後は、奨学金を受けた年月と同じ期間、医療サービス不足地域で勤務するしくみだ。2017年には1700人の学生が、この契約を国と交わしている。また、過疎地で開業する一般医は、「地域医療契約」[*19]を州の医局と交わせば、実収入と月6900ユーロ（税引き前）との差額を州政府が補填してくれる。ただし、ひと月最低165件の診察が条件だ。過疎地では開業医の不足が深刻な土地もあり、誘致のために様々な工夫を自治体が行っている。北部ノルマンディー地方の人口2500人の海辺の自治体バルヌヴィル・カルトゥレ[*20]では、「医者に家賃無料の140m^{2}のマンションとヨットを提供する」と首長がアピールしている。それくらい村落における医師不足は深刻な課題になっている。

　ポンジボー村の中心広場には、診療所（写真7）が2017年11月にオープンした。3人のホームドクター、5人の巡回看護師、出産介護士、2人の言語治療士、整体師、足治療士と事務スタッフが勤務する。センターの中はコバルトブルーで統一され、予防医学やワクチンの案内ポスターが要所に張られ、とても清潔かつ活気がある。開業して1年が経たない2018年5月、すでに1日の患者数が100人から150人で、近隣地域の住民も利用していることが分かる。月曜日は医師3人が揃い、火曜日からは医師2人が常勤する。

　このプロジェクトは県会議員のミューラーさんと、現在センターで働く

写真7　村の中心広場（上）にある診療所（下）

写真8　医師マルタンさん（Dr Martin）

医師マルタンさん（写真8）が出会ったことから始まる。「地域を生かす」ために不可欠な医療機関を作りたいという想いは、村落共同体のモネロンさんにも共通で、三位一体で実現を可能にした。構想から開業まで5年かかっている。議員は主に地域での合意形成、行政はEU基金をはじめ資金集めや建物の確保、医師は人材の確保、とそれぞれが実力を発揮した。EU・国・州政府から60％の補助金を得て、残りの40％は村落共同体が25年間の借款をして、100万ユーロの資金を調えた。

　どうして、20代、30代の医療関係者が、人口738人の村に来るのか。マルタンさんは、ポンジボー村から130km北西にある人口7万人の小都市の医者一家に生まれた。クレルモンフェラン大学の医学部在学中から、農村での一般医[21]勤務を考えていた。140人いた同期のうち、開業の希望者は20人、村落部勤務希望者は3人だけであった。今もその3人は過疎地で勤務しているそうだ。マルタンさんは医学部卒業後も、クレルモンフェラン市で開業医の代診を行いながらも、地域医療に貢献することはあきらめなかった。細分化、専門化された大学病院の診療と異なり、村落部の開業医は、幅広い分野での診察が求められ、医療業務が多岐にわたる。この「田舎のお医者さん」の仕事が、マルタンさんには魅力だった。だが医師不足地域で1人ですべてを背負って、自分の健康を削る気持ちはない。今の若い医師は、1人では都会でも開業しない。2人か3人で1つの診療所を運営して、過重労働を避ける。州の医局と相談すると、ポンジボー村一帯で団塊世代の開業医が一斉にリタイアして、医師空白地帯が近い将来生じることが分かった。そこでエリア選出の県会議員であるミューラーさんと、ポンジボー村での診療所設立のプロジェクトを立案した。フランスの村落部に350あるマルチタスク診療所（専門分野が異なる複数の医師や看護師が一ヶ所で医療活動を行う）は、国の許可が必要な総合病院（CHU）と異なり、州の医局の許可だけで開業できる[22]。

　医師や看護師などスタッフの勧誘には困らなかったそうだ。新しい労働環境のダイナミックな雰囲気に惹かれて参加した、最初は5人だった若い

医師たちを中心としたチームは、今ではスタッフやバカンス中の代替要員も含めると32人になった。若いスタッフが多いが、どんな村にも、幼稚園に入る3歳児以下の乳児を家庭で預かる保育ママ制度*23がある。勤務時間が不規則な医療スタッフにとっては、むしろ保育所よりも融通が利きそうだ。しかし、若い人を呼ぶには1つ条件があった。近くに都会があることだ。そこで、村にある程度の施設がすでに集積しており、クレルモンフェラン市から車で30分のポンジボー村が選ばれた。ミューラーさんは、ポンジボーとは別の自治体の首長でもあるが、客観的な状況を考慮してこの選択に納得した。実際にこの選択は正しく、マルタンさんの同僚の2人の医師はクレルモンフェラン市に住みながら、ポンジボーまで通っている。

すべての村に均等な投資はできない

　ミューラー県会議員はポンジボー村での診療所立地に納得したが、村落共同体の他の村長や議員の説得に2年かかった。自分たちの村に診療所を誘致したい願いは、共通している。36の自治体との交渉はすさまじかったようだ。しかし、マルタンさんは言った。「あちらこちらにばら撒きをすると、その分エネルギーが拡散し、待っているのは失敗だ。もう失くしてしまったものは取り戻せない。だから、今まだ元気な村、最低限の商業施設や市街地が残っている村を中心に、発展計画を考えよう。ポンジボー村を中心に、周りの村落も発展してゆけばいい」と。人口密度の低い地域においては、拠点となる村の整備を充実させ、周辺の村とのネットワーク化を進める。ポンジボーは、村落に移住する者たちの受け皿とも言える。地元ですでに営業していた看護師や医療関係者も、自分たちの競争相手が現れることを危惧したり、年若いマルタンさんのチームの能力に不安を抱く人もいた。住民の中にも、新しい診療所設立で、税金の高騰を心配する者もいた。とにかく合意形成に時間がかかった。反対者や不安を訴える人たちの説得に必要なのは、1人ではなく2人か3人のリーダーだという。「すべての村に同じ支援と投資はできない」という良識があって地域の発展を

グローバルに見ることができる人、周りの人を新しいプロジェクトに引き込める情熱のある人、そして全体の動きを統括してマネジメントしてゆける人の 3 人がいれば理想だ。可能であれば利害対立のない、地元以外のよそ者が良い。

自己犠牲ではなく、生活の質の向上を求めて移住した医師

　診療所が軌道に乗った今、マルタンさんには、新しいアイデアがある。眼科の診察や乳がんの X 線検査など、専門医の巡回診察日を設けることだ。現在、入院患者の医療データしか持てない大学病院に、健常人の診察データを提供している。現時点での地域医療の問題点としては、依存度の高い高齢者、農業従事者に見られる精神不安定、喫緊の課題として小児科の新設を挙げた。医療スタッフたちは決してボランティア精神から村で勤務しているわけではない。独立した自由業者としての医療行為から得た収入から、診療所に診察室の利用家賃を収めている[*24]。この家賃歳入が、村落共同体の診療所設立に要した負債返済に充てられている。だから「補助金漬けのプロジェクトではなく、持続可能性のあるしっかりした計画だ」と、医師たちは誇りを持っている。マルタンさんによれば、補助金だけが目当てで田舎で開業する医師は、村に残らない。

　マルタンさんはじめ、医師たちは自己を犠牲にして田舎で仕事をしているのではない。マルタンさんは、「職住接近により家族と過ごす時間が増え、素晴らしい生活環境を享受している」ことを強調した。村勤務の方が、より人間らしい生活ができると。地理学者の伴侶は、ポンジボーから車で 20 分の距離にある、この地域では唯一の大きな観光地「ヴォルカニア火山博物館」[*25]で仕事を得ている。都会での医師勤務は移動に時間が取られ、結局文化イベントや観劇などの機会は多くても、実際には行く時間がなかった。田舎の学校への 2 人の娘の入学に不安はなかったか、と聞いてみた。「子どもたちが自分の道を見つけ、幸せになれる、いい人生が送れることを成功と考えた場合、家庭教育の方が大切だと考えている」との答えだった。

バカンスが多いフランスでは、確かに家庭で過ごす時間の方が学校より長い。親として、学校にすべてを期待していない。

　村落共同体で勤務する同年代のモネロンさんと同じく、マルタンさんのチームの田舎住まいのキーワードは、やり甲斐のある仕事、職住接近が与える時間の余裕、広い家に象徴される生活環境の高い質。時間とスペースの自由度が高くなるという魅力だ。自分たちが生活に何を求めているかをみつめ、目標に挑戦する実行力と、自分の人生をコントロールしてゆこうという強い意志を感じる。

5｜支援の充実した老人ホームを支える「連帯」システム

国民の高税負担で支える高齢者福祉

　フランスは少子高齢化社会ではないが、高齢者の絶対数は増えている。2016年、65歳以上が人口に占める割合は18.8％で、60歳以上の人口は1950年と比べると2倍以上になった（図4）。60歳以上の死亡者の4分の1が自宅で亡くなっているが、70歳を過ぎると病院での死亡率が少しずつ低くなり、老人ホームと自宅での死亡率が増える（図5）。できる限り自宅で住み続けたい願うフランスの高齢者は、どのように生活しているのだろうか？

　自宅での生活が可能な高齢者は、自治体や県から在宅サービスを受けながら、夫婦であるいは一人暮らしをできるだけ長く続ける。自宅での生活が負担になってきたり、一人暮らしよりは人とのつながりを求める高齢者は、シニアマンションに移る。公的機関がその70％を運営しており、全土で2016年で11万床ある[26]。ワンルームマンションから2ベッドルームまで、部屋のタイプにより家賃は異なるが、入居者の収入に従って複数の機関に料金負担の援助を申請できる。食事を食堂で摂ったり、部屋の掃除などを任せることができるが、医療機関ではない。入居者は外出も可能で、自宅での生活と老人ホームとの中間の解決策と言える。

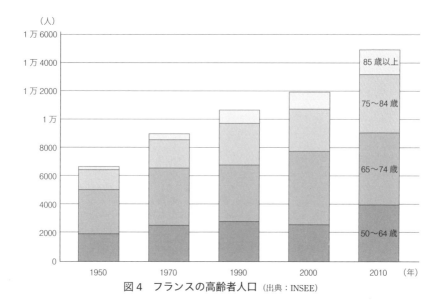

図4　フランスの高齢者人口（出典：INSEE）

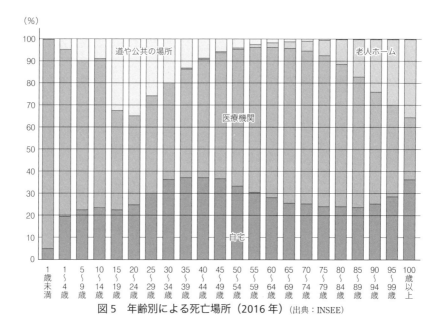

図5　年齢別による死亡場所（2016年）（出典：INSEE）

自立した生活が不可能で依存度が高い高齢者は、医療施設である老人ホーム*27に入所する。現在全国に7500の施設があり、1施設のベッド数は50から120。入居者の平均年齢は84.3歳で、87歳の14％、92歳の26％が、この施設を利用している。自宅で生活している後期高齢者が多いが、自宅での生活に県が支援体制を整えていることは、50頁で紹介した。老人ホームは公的機関による運営が44％、企業が25％、非営利機関のNPOが21％。施設により差はあるものの、厚生省の調査では、2016年のひと月の平均入居料金は約2000ユーロだ*28。年金生活者の1人当たりの平均収入が約1500ユーロなので、不足分は貯蓄や入居時に自宅を売却した利益などを当てる人が多い。フランスでは老人ホーム滞在費の未支払い分は、遺産相続の折に被相続者から県が徴収することが法律で認められている。特に不動産の相続がある場合には、必ず公証人が介在して、県に対する負債分を決済する*29。人口が2000人以下の村では、24人以下の入所者数に限られる「小さな生活ユニット」と呼ばれる、老人ホームがある*30。高齢者が村に残ることができる重要な施設で、190施設、4500ベッドが報告されている。地方自治体か非営利NPOが運営している。

　村でも2世帯、3世帯同居はもう過去のものになった。フランスの60歳以上の25％が単身世帯で、80歳以上では50％近くが1人で住んでいる（図6）。年老いても家族と同居しないが、距離的に近い家族とは頻繁に交流がある。しかし高齢者が1人暮らしができなくなった時に、身内が引き取るという選択肢は、親子の双方でほとんど考慮されない。今80代の高齢者を看る子どもたちも50代から60代で、後期高齢者を世話する知識も、体力も、根気もない。ホームに介護を依頼するため下見に来るのは、この子ども世代だ。政府は「家族の絆」のような漠然とした政策ではなく、税金を駆使して高齢者受け入れ施設の準備をしてきた。フランスの消費税はすでに20％だ。GDPの31.5％が、医療保険、社会保険、年金の支払い、生活保護などの社会保障費に充てられている。この中にはできるだけ長く自宅で生活できるように、県が高齢者に支給する在宅サービス「自立支援手

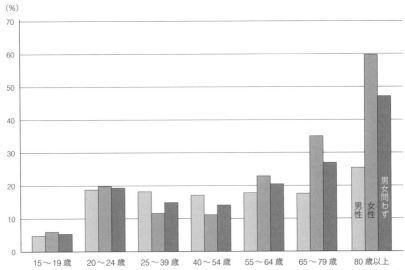

図6 2014年単身世帯の人口別、性別割合（80歳以上の女性の60%が1人住まい）
（出典：INSEE）

当」も、老人ホームの運営費も含まれる。高い国民負担率だが、その代わりに老人施設に来る家族が食事や排せつの世話をしたり、家庭内の老々介護で共倒れになるような家族による全面的介護のケースもない。

入所者と同じ人数の職員がいる介護老人ホーム

　ポンジボー村の老人ホーム（写真9）には、個室が50あり、驚いたことに、ほぼ同じ人数のスタッフが勤めている。4人の看護師、12人の介護士、2人の心理カウンセラー、12人のケアマネージャーたちがフルタイム雇用で、他にも短縮時間労働のスタッフを含めると約50人になる。フランスには週35時間労働の法律があり、24時間体制のサービスを入居者に提供するためには、手厚いスタッフ構成になる。入居者の平均年齢は85歳で、3年から4年の人生最後の月日を施設で過ごす。明るいエントランスホールと庭があり、月曜日と木曜日には、2人の美容師さんが美容室を訪れる。入居者と馴染みの美容師さんを呼ぶこともできる。部屋はすべて個室で、

写真9　老人ホームの応接フロアと所長のトーマスさん（Ms Thomas）

自分のお気に入りの家具を持ち込んでも良い。お風呂はなく全室シャワーだ。朝食は午前7時30分から個室で摂ることができる。ランチは食堂で11時45分からで、24時間前に予約すれば、家族や友人をランチに招待できる。入居者は近隣出身の者が多いので、家族の訪問は少なくとも1週間に1回はあるそうだ。夕食は18時から食堂で摂る。2015年には入居者へのアンケートも行い、概ね満足しているという回答を得た。美味しい食事とナースコールに素早く施設側が答える、この2点を重要視すれば、入居者の満足度が高くなることが分かった。

　施設所長のトーマスさんは、ホームから35km離れた小さな村から通っている。所長は近隣の村の生まれで、お隣の人と面識があり、キーを残したままクルマを駐車しても安全な生活環境が気に入っている。都会に住みたいと思ったことはないそうだ。朝はクルマの中で、その日の仕事の段取りを考え、帰宅時には運転中の30分の間に、気分の切り替えを行うそうだ。以前にホームの官舎に住んでいた時は、結局24時間中、仕事のことを考え

ていたので、あまり良くはなかったと振り返る。所長は、いわゆる現場からのたたき上げで、4年間の介護士職から、複数の国家試験を受けて地方公務員の職階級を上がってきた。20歳の時には、もう絶対に高齢者関連の仕事はしたくないと思い、クレルモンフェラン市で転職したが、1994年に偶然から再び介護分野に戻った。それ以来、高齢者介護の道一筋だ。2014年からポンジボー村の施設所長になった。「自分自身が年齢を重ねて、お年寄りとのコンタクトが好きになった。様々なバックグラウンドで人生を生きてきた高齢者のお話を聞き、自分も日々学ぶ機会が多い」と語る。老人ホームでの看護師や介護士の雇用には、今のところは困っていないようだ。看護師の病院勤務が、医療の高度化に伴い年々ハードになり、むしろ高齢者施設勤務の方を選ぶ傾向もあるという。それでも身体的、精神的に厳しい労働である。所長に現在の課題を聞くと、「労働条件の改善」という答えだった。身体的な疲れを理由とした欠勤率が高いので、介護器具の検討、看護スケジュールの見直し、スタッフとの親密なコミュニケーションなどを心掛けている。毎週月曜日には精神科医の訪問があり、スタッフも入居者もカウンセリングを受けることができる。

　施設の充実したサービスは、国民の税金で成り立っている。所長のトーマスさんによれば、「老人ホームはこれから危機に面するだろう」。「いずれ後期高齢者が爆発的に増え、供給が需要に量的にも経済的にも追いつかなくなるであろう」。アルツハイマーなどの精神疾患高齢者に対応できる施設数も、絶対的に足りない。「今20代、30代の人たちが80代になった時、果たして彼らに今の80代と同じくらいの支払い能力が残っているだろうか？　そして国は、今まで通り税金でこのような施設を支えてゆくことができるのだろうか」という疑問を、所長は日々考えているそうだ。フランスでの現在の高齢者対応は手厚く、また家族に過度の負担をかけないシステムを構築してきた。しかし、それを支える財源となる高い税率をいつまで保持できるだろうか？　福祉が充実した北欧、西ヨーロッパ諸国が共通して抱えている課題である。

参考までに、フランスの厚生省の正式名は「連帯と衛生省」(Ministère des solidarités et de la santé)。「連帯」の単語 Solidarités が複数になっている。多くの国民の税金で支えるのが福祉だ、という姿勢がうかがえる。その一環としての高齢者支援である。

6｜農家の副収入を生むアグリツーリズム

農村観光資源としての民宿

　日本でグリーンツーリズムといえば、農村地域での農業体験や滞在を目的としている。一方フランスでは、副業としての農家の民宿経営には、必ずしも宿泊客の農業体験はセットになっていない。フランス人はバカンス滞在先に、「自然環境がいい、ホテルに比べて安い」という理由で民宿を選ぶので、経営者が農家か一般家庭かにはこだわらない。野菜や果物の収穫期には、学生や外国からの季節労働者が農家に滞在して、期限付き雇用契約の重労働を担うので、日本のような農家のワーキングステイはない。民宿を経営するためには、地方自治体への公的な届け出登録、衛生、宿泊拠点としての格付けにいたるまで、様々な義務とサポートが存在し[*31]、あくまでも観光業としての起業である。そこには、都会と農村の関係性構築や「田舎の良さを見出してほしい」的な期待はなく、いかに農家として安定した副収入を得られるかに、目的が絞られる。経営者の住まいと同じ建物の中で宿泊を提供する民宿を「ショーンブルドット (chambre d'hôte)」と呼び、ベッド&ブレックファスト形式である。「ショーンブルドット」では朝食だけでなく、経営者と共に取る夕食も提供している場合が多い。経営者や他の客とのコミュニケーションを楽しむ客が、ショーンブルドットを利用する。一方、経営者の住まいとは別棟の建物で、キッチン付きの部屋を提供する場合は、「ジットルーラル (Gîte rural)」である。家族で1週間単位の宿泊が対象になり、食料からシーツ類まで客側が用意して施設を借りる。ホテルとの競合を避けるために、5部屋、宿泊客は一晩最高で15人ま

でと制約がある。かつては民宿ガイドブックで予約先を探したが、現在ではインターネットによる検索と予約が85％で、Airbnbの先駆けと言っても良い。

　1955年に設立された「フランスのジット（Gîtes de France）」[*32]社の格付けラベルを受けると、同社のインターネットサイトでの掲載が可能になる。ジット社職員が、フォークの数まで勘定する180項目にわたるチェックを行う。格付は、5年に一度の見直しがある。フランスはホテルやレストランでも星の数で示す格付けがある。すべての人が高級志向ではないし、むしろ予算にあった施設を選びやすいので、供給側も消費者側も、ランキングされることに抵抗はないようだ。現在経営者4万7000人が、6万件の民宿を提供しており、利用客の20％が外国人だ。地域や民宿のレベルにより、経営状態や歳入には大きな開きがあるが、「フランスのジット」社によれば、平均の満室率は40％前後で、年間収入は1万から1万8000ユーロなので、民宿業を主体にして生活することは難しい。農村で民宿を始める際には、県や農業組合から、工事全体コストの上限を3万ユーロとしてその10〜30％の補助金を申請できるが、実際には3万ユーロで準備はできない。しかも膨大な書類提出を要求され、助成金は工事が完了してからでないと支払われない。ただし、ポンジボーのように過疎地に指定されている村での民宿経営者には、固定資産税と住民税が免除される。また農家が兼業としてジットや民宿を始める際には、農業会議所から、青少年農業交付金[*33]を、最高額3万5900ユーロまで申請できる。農業会議所は低金利での貸し付けも行っている。

羊小屋と穀物倉庫をDIYで改装した超快適な「ショーンブルドット」

　ポンジボー村から車で10分、隣村で民宿を経営するギヨー夫妻は、500頭の羊を55haの放牧地（写真10）で飼育している現役の酪農家だ。1階は羊小屋、2階は穀物倉庫に利用していた建屋を、3年かけてショーンブルドットに改造し、開業して15年になる。元は羊小屋であったことが信じら

れない、素晴らしく居心地の良い空間だ（写真12）。素敵なインテリアは、壁の塗装も含めて、奥さん（写真11）がコツコツと自分で行ってきた。少しずつ整えてきたそうだが、4部屋のリネン類を初めとし、細部に至るまで心が行き届いた内装だ。4月から10月末までの営業で、人は雇っていない。夏の繁忙期には、奥さんの妹や、夫妻の2人の娘たちが手伝う。朝食の準備（写真13）、4部屋のベッドメイキング、客が夕食・朝食を摂る広い居間とキッチンの掃除、夕食の準備とかなりの重労働だ。雪が深い冬の間は、経理や建物のメンテに時間を費やし、ゆっくりと静養するそうだ。毎朝、羊の世話で5時に起きるご主人は、前菜、メイン、チーズ、デザートのコース夕食は必ず宿泊客と共にする。地元の郷土料理で、質・量ともに、街のレストランと遜色がない。夕食にはワインがつき、食前酒、食後酒のオファーもあり、食費と宿泊を含めて2人で1万円前後だ。農家の副業としては十分な収入があると聞いた。ご主人はこの農家で生まれたが、奥さんは近隣の小都市で育った。縁があって羊酪農家に嫁いだが、民宿を始めたのは何よりも「自宅で仕事がしたかった」からだそうだ。専門学校で「観光業」を学んだので、この仕事はぴったりとのこと。心強いのは、農業専門短大を卒業した娘が、有機栽培農業や医療用ハーブ栽培事業に乗り出すために、地元に戻り親の敷地内で新しいビジネスを始めた。こうして若者が村に戻ってくるのも、村での仕事で、ある一定の生活レベルを保持できる親世代の実情を見ているからであろう。もちろん、羊酪農と民宿経営だけではなく、父親は冬は高速道路公団で働いている。だから決してそんなに余裕がある生活ではないはずだ。それでも広々とした素晴らしい空間で、自分のペースで仕事ができる生活は若い世代を惹きつけるようだ。

　最近の消費者は、ただ農産物を購入するだけでなく、農産物の周りのストーリー性やトレーサビリティを重要視する。民宿を経営するホストとの接触を通じて、都市消費者は農業に多少なりとも近づく。農村民宿には、都市消費者の共感を呼び込みながら、食品販売のネットワークを構築する媒体としての役割がある。ギヨーさんの民宿でも土地のものや洒落たイン

写真 10　Massif central 地方特有のなだらかな放牧地帯（上）と民宿前の道路に出てしまった牛（下）

写真 11　民宿経営者のギヨーさん（Ms Guillot）

写真12　1階の穀物倉庫を改装した民宿の入口

写真13　階下にあった羊小屋を改造した応接間での朝食（コーヒー、パン類、ヨーグルト）

テリア商品を販売している。また民宿経営は、地域の資源と土地の保全にもつながる。フランスでは、アメリカ式の大規模農業経営で採算性を上げることはできない。だから農産物の「物語」を重んじた地産地消型で、地域の特徴を生かして、徹底的に差別化された農産物の生産と販売に活路を見出さなければならない。「これからは、学校で新しい農家経営教育を受けてきた若い世代と、新しいタイプの仕事ができるのが楽しみだ」と、父親は満足の様子だ。

夫妻のモットーは「人をだますような商売はしたくない」。まさに、期待を裏切らない素晴らしい民宿だが、当然すべての農家民宿がこのように完璧ではない。ちなみにギヨーさん夫妻の場合は、長い年月をかけて、酪農業の合間に民宿施設を準備してきたので、民宿設立にあたって、助成金は申請しなかったそうだ。民宿運営には、経理、調理、衛生管理、インターネットを駆使したマーケティング、サービス業等のマルチタスクが要求されるので、補助金だけが目当てでは先が続かないだろう。ギヨーさんのように、「調理が好きで、自宅で仕事がしたかった」などの明快な動機で選択しなければ、成立する副業ではない。

多くの国民がバカンスに出かける機会を保障するしくみ

第1章でも紹介したが、近年、長期バカンス先として、海浜エリアの人気の下落と並行して農村エリアが伸びてきている。フランス人の長期滞在先の30％が両親や親戚の家、17％が自分のセカンドハウス、6％が友人宅で、バカンス中の有料施設滞在は半分を切る。11％がウィークリーマンションなどのバカンス施設のレンタル、キャンプ場11％、バカンス用共済施設7％、ジットなどの民宿4％と続く。日本人のように、ホテルに宿泊するケースは9％しかいない[*34]。

4日間以上続けて自宅を離れることをバカンスと定義した場合、経産省の統計では2015年で60％の国民しか、バカンスに出かけていない。フランス人全員が長期休暇を取って、海や山に行っているような理解は正しく

ない。ただし、自宅に残る人たちも休まないわけではなく、少なくとも給与所得者は5週間の有給休暇はすべて消化する。夏季に3週間、年末に1週間、春に1週間と休暇を取るケースが多い。学校の夏休みは2ヶ月で、その間、登校日も部活もない。街のパン屋からレストラン、すべての個人店舗が、7月か8月のどちらか1ヶ月の間、閉店する様子は圧巻だ。特に8月1日から15日までは、文字通り地方都市でも戒厳令下のごとく人がいなくなり、まち全体が眠ったように静かになる。本当に、みんなバカンスに出かけるのだと感じさせられる。スーパーマーケットは1年中開業しているが、小規模なところは夏の間は12時から3時まで閉店する場合が多く、営業時間が短くなる。1年中営業している日本のデパートなどは、フランス人には想像が難しいだろう。

　経済的に恵まれない人を支援する補助システムが整っており、社会ツーリズムと呼ぶ。低所得者向けのバカンス用共済施設などを運営するのは、NPO「フランスバカンス村VVF」だ。VVFは、キャンプ場、バンガロー村、マンションタイプ、ロッジなどのバカンス用滞在施設の運営を請け負い、従業員1000人をかかえる大きな組織に発展した。VVFが管理するバカンス施設の75％が公共施設で、25％が民間だ。子育て世代の低所得世帯を助成するために、バカンス小切手というシステムがある。就労者は給与から毎月バカンスのための積み立てを行い、これを基金として、雇用者側が補填金を補足して、バカンスクーポンを発行する。金券と同じ価値を持ち、加盟している交通・宿泊機関やレストランで利用できる。日本企業で毎月給与から、親睦会積み立て金額が天引きされるシステムと似ているので、福利厚生の1つと考えても良い。日本でもかつては企業が、海の家や山の家を保有し社員に開放していた。だが、フランスでは同僚と旅行に出かけるという発想はない。このクーポン形式は、社員の昼食にも採用され、食堂を持たない企業はレストランクーポンを発行する義務がある。クーポン券を貯めて、バカンス中にレストランに行く人も多い。企業にはバカンス小切手を用意する義務はないが、2011年には2万の企業が取り入れている。

2014年にはバカンスに出た国民の23％が、このバカンス小切手を筆頭に、何らかの公的援助を得ている。企業の貢献や公的援助で、できるだけ多くの子どもたちがバカンスに出かけられるしくみで、こんなところにも、フランスの「連帯」意識が浸透している。

7｜官民協同で実施する起業家支援キャンプ

キーワードは地域・IT・モビリティ・農業

　ポンジボー村をクルマで出て10分もすると、のどかな放牧地の風景が消えて、なだらかな丘陵地帯を降りるに連れて家が増えてくる。20分も走れば、直接雇用だけでも1万2000人をかかえるミシュラン社の本社がある人口14万人のクレルモンフェラン市だ。そのミシュラン博物館の近くの、オーベルニュ・ローヌアルプス州行政府の立派な建物の中に、スタートアップ起業支援を目的とした、ビバーク（Lebivouac・野営）という名前の支援組織がある（写真14）。州政府が25万ユーロの投資を行い、1200m^{2}のフロアを提供した。クレルモンフェラン市を中心として21の自治体で構成する都市圏共同体も、50万ユーロを投資した。ミシュラン社を代表として、地域を代表する9社がパートナーとなり、プロジェクトは2年前に発足した。現在、従業員は4人で、起業者のサポートにあたっている。ビバーク機構の目的は、新しいビジネスプランを持つ企業の創業支援で、地域における起業が対象だ。ビジネスプロジェクトの内容を、支援機構のメンバー、パートナー企業、銀行などの潜在的投資家がチェックする。機構のメンバーになれば、安いレンタル料金で、オフィススペースやOA機器を利用できる。起業に必要な財務、法務、マーケティング、営業のノウハウについての講習なども受けられる。候補者の年齢制限はないが、ビジネスプランには何らかの形でデジタル技術が関わってなければならないので、レストランの営業プランなどは対象外になる。機構は2年間で22の起業に貢献し、すでに28人の雇用創出につながっている。支援するビジネス

写真14　ビバークの玄関（左）と機構の広報担当、ポザダさん（Mr Posada）

プランのフィールドは対象を絞り、モビリティと農業だ。たとえば農業では「農場を管理しよう（Piloter sa ferme）」社*35。農家にオンラインで農作物の取引価格や世界の情報を届け、農作物の最適値での販売をサポートするITシステムを開発した。モビリティ分野のマイバス*36社は、公共交通ネットワークのジオロケーションシステムを開発した。ラゥ*37社のサイトは、パリを脱出して地方都市での生活を検討する就労世代に、地方都市での求人情報を紹介する。このプロジェクトを始めた創業者自身が、パリに住んでいたが、クレルモンフェラン市に移住して、会社の本社機構を置いた。

補助金ではなく情報とオフィス・OA機器を提供

　ビバーク支援機構を訪れる若者や、ポンジボー村の医師マルタンさん、村落共同体のモネロンさんに共通しているのは、チャレンジすること、変

写真15　2017年のクリスマスカードには、支援機構の実績が数値で示されていた
（提供：Mr Posada）

化を恐れないマインドだろう。起業者たちは会社設立に至れば、民間投資家や銀行からの貸付や補助金を申請できる。ビバークを訪れる若者たちは、アイデアはあるが会社組織そのものがまだない段階だ。

　ビバークは起業者たちに、補助金や交付金は与えない。提供するのは、会社設立へのプロセスでの支援だ。事業計画へのアドバイスや、起業者に対して情報やネットワークを提供し、オフィススペースなどの物理的な便宜を与える。起業者たちにとっては自由度の高い支援である。「マーケットは世界志向だが、起業は地元」で、土地の人間を大切にしている。

　地方公共団体が、起業者たちのビジネスプランを単年度予算で区切るのではなく、長期的な展望を持ってサポートしている。支援機構の活動計画・報告を、透明性を持たせてホームページで一般公開している。2017年にはクリスマスカードの代わりに、機構の実績を数字で示すカードを関係者に送った（写真15）。

　すべての村落が過疎地に指定されているポンジボー村落共同体と、近隣の都市からの移入者を受け入れて元気なポンジボー村の様子をお伝えした。ポンジボー村が位置するオーヴェルニュ山間地は、貧しい地方の典型とし

てフランスでは位置付けられている。だが、お荷物である小さな自治体を消滅させてしまうのではなく、村落共同体全体で生き延びてゆこう、という意思が感じられる。

　過疎地村落の生き残りを考えた場合、キーとなるのはバランスの取れた人口構成を支える出生率と、子どもがいる家族の存在である。都市部だけに人口が集中するのではなく、村落部にも子どもがいる世帯の移入を促すために、自治体は学校、文化施設、医療機関の整備に熱心だ。その時に活躍するのは郷土愛にあふれた地元の人たちとともに、よそからやってきた若者の熱意と行動だ。村落の存続を願うならば、彼らの行動を邪魔することは、村落の長年の居住者たちに許された選択ではないことは、村落民自身が自覚している。ネオルーラルたちの村落部への定着に伴い、今後の村の展開に大きな関心がもたれている。

ポンジボー村 基礎データ（2015年）

		ポンジボー村	村落共同体 36の村で構成
人口	人口	738人	1万2826人
	人口密度（1km²当たり）	160.3人	15.3人
	面積	4.6km²	840km²
	2010年から2015年までの人口	＋0.2%	＋0.5%
	そのうち自然人口推移	－1.2%	－0.7%
	そのうち移入・移出人口推移	＋1.4%	＋0.2%
	世帯数	344	5969
	出生数（2017年）	7人	97人
	死亡数（2017年）	11人	174人
住宅	住宅数	461戸	9378戸
	本宅としての利用率（別荘ではなく、1年を通して住居）	74.8%	63.6%
	別荘としての利用率	10.3%	21.0%
	空き家率	14.9%	15.4%
	持ち家率	49.9%	77.9%
所得	世帯数	338戸	―
	消費単位当たりの年間可処分所得の中央値[*1]	1万8155ユーロ	1万7722ユーロ
	課税対象世帯割合	50.3%	43.1%
雇用	雇用数（給与所得者・自由業など形態を問わず）	420人	3714人
	そのうち給与所得者の割合	84.7%	62.1%
	雇用率変化（2010年から2015年）	＋0.4%	―
	失業率（15歳から64歳対象）	13.7%	8.3%
産業	事業所数 2015年12月	122	1513（2013年12月）
	そのうち農業	1.6%	32.8%
	そのうち工業	7.4%	8.9%
	そのうち建設業	11.5%	8.1%
	そのうち商業、交通、サービス業	58.2%	38.3%
	そのうち行政、教育、社会福祉機関	21.3%	11.9%
	そのうち従業員0（自由業・自営業）	64.8%	76.3%
	そのうち従業員1～9人	26.2%	20.4%
	そのうち従業員10～19人	4.9%	従業員10人以上 3.3%
	そのうち従業員20～49人	3.3%	―
	そのうち従業員50人以上	0.8%	―

*1　1消費単位は、世帯の大人1人目を指し、2人目からは0.5とカウントする。14歳以下は0.3。
例：大人2人世帯の年間所得平均額は、18255.3 × 1.5 ＝ 27382.95　約356万円になる。
（出典：INSEEのデータを元に筆者が再構成）

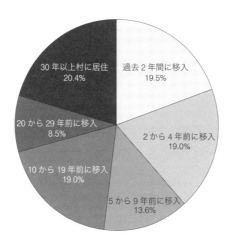

2015年・ポンジボー村住民の村在住年数。住民の52.1%が過去10年間に移住してきた（出典：INSEE　2017年発表）

注
* 1　Pontgibaud, Clermont Ferrand, Auvergne
* 2　Nord Pas de Calais
* 3　Macif Central, Rhône Alpes, Puy-de-Dôme
* 4　Volvic
* 5　国家憲兵隊は、自治体警察を持たない人口2万人以下の小さな自治体で、警察業務にあたる。
* 6　フランスの住民税は、1970年代に税務局が設定した「賃貸価値（該当物件の年間賃貸料）」を元にして、各自治体が議会で税率を決定する。周囲の自治体は税率が7〜8%で、ポンジボーは15.8%と高めだ。それでもポンジボーに移住者が来るのは、村で日常生活に必要な用事が済む便利さにある。なお、物件の正当かつ現実に即した賃貸価値設定が困難なために、2020年からの住民税撤廃を政府が発表している。
* 7　Communauté de Communes Chavanon Combrailles et Volcans：かつては合計人口が最低5000人の村落共同体（Communauté de communes）が認められていたが、2015年に「共和国における地域の新しい編成法」（NOTRe法：Loi du 7 août 2015）が制定され、最低人口が1万5000人に押し上げられた。ポンジボーのように過疎地域の村落共同体は、人口が1万2000人以上で認められる。
* 8　村落共同体に参画しても、村単位でのPLU（土地利用計画）を保持することは可能だ。共同体のPLUiに組み込まれる場合でも、建築認可を与えるのは各村落の首長だ。従って共同体におけるPLUi策定過程では、首長間の意見調整は大きな仕事である。
* 9　2017年にピュイ・ド・ドーム県内の467自治体のうち、269の自治体が「過疎地」指定を受けている。467の自治体は、県内の14の村落共同体のいずれかに所属する。
* 10　シャバノン・コンブライ・ヴォルカン村落共同体提供『テリトリーの診断書』による。地方公共団体の注文に従って、INSEEが各地域の現状を数値でまとめる有料資料。消費単位当たりの年間所得の中央値については、76頁の表を参照。
* 11　http://www.ccvcommunaute.fr/
* 12　Maison de Services au Public
* 13　Code de l'action sociale et des familles
* 14　AGGIR（Autonomie Gérontologique Groupes Iso-Ressources）
* 15　APA（Allocation Personnalisée d'Autonomie）
* 16　http://www.puy-de-dome.fr/transports.html
* 17　全国疾病保険金庫（CPAM : Caisse nationale de l'assurance maladie）と契約を結んだタクシーは、《taxi conventionné CPAM》と呼ばれ、リストが医療保険庁やインターネットで公開されている。
* 18　共済保険：Mutuelle　通常医療費は70%が国の負担で、残りの30%は自己負担。共済保険に加盟していれば、返済額は契約内容によって異なるが、全額に近い返済もある。大病の場合は、医療保険庁が100%負担するため、日本のような「がん保険」はない。
* 19　それぞれ、公共サービス契約はContrat d'ngagement Service Public、地域医療契約はContrat Praticien Territorial Médecine Général
* 20　Barneville Carteret
* 21　一般医：Généralisteと呼ばれるホームドクター。フランスでは、眼科、小児科、産婦人科、皮膚科を除く専門医の診察を受けるには、ホームドクターの依頼状が必要。フランスの一般医の平均年齢は52歳で、高齢化している。
* 22　マルチタスク診療所の開業にあたっては、DGOS（Direction générale d'offre des soins：フランスの医療機関連盟）の要求する、診療所としての基準を満たす必要がある。

基本的に医師会の承認があれば、一般医はどこでも自由に開業できる。
* 23 Assistant Maternel：自宅で、6歳以下の子どもを4人まで預かる保育ママ。県の「母性及び児童保護課（PMI：protection maternelle et infantile）に登録義務がある。保育や衛生に必要な研修を受け、自宅には定期的に県の医局からの検査訪問が行われる。
* 24 フランスのホームドクターの診察料は、25ユーロで全国共通。完全な医薬分離制度の元、医師は処方箋は発行するが、薬は直接患者に出さない。
  診療所は、APSV（association des professionnels de santé de Pontgibaud Sioule et volcans：ポンジボー医療専門者協会）という名前のNPOが運営している。
* 25 Volcania：オーベルニュ山塊地方の一連の80の火山群は、2018年7月に、ユネスコの世界遺産の指定を獲得した。
* 26 hhttp://www.lesmaisonsderetraite.fr/le-foyer-logement-residence-autonomie.htm
  このタイプのシニアマンションは、かつてはfoyers-logementsと呼ばれたが、今ではrésidences-autonomie（自立者の住まい）と名称を変えた。
* 27 Maison de retraite：正式名称は「依存度の高い高齢者のための宿泊施設（EHPAD：établissement d'hébergement pour personnes âgées dépendantes）」
* 28 https://www.pour-les-personnes-agees.gouv.fr/dossiers/combien-coute-un-hebergement-en-ehpad
* 29 社会扶助法典：Article L 132-8 4e　子どもたちに支払い能力がある場合には、遺産相続を待たずに、老人ホーム入居費支払いの義務が課せられる。
* 30 Unité de petite vieと呼ばれる老人ホーム：正式名称は「高齢者のための村落ホーム（MARPA：La maison d'accueil rural pour les personnes âgées）」
* 31 https://www.service-public.fr/particuliers/vosdroits/F2043
* 32 https://www.gites-de-france.com/
* 33 https://www.service-public.fr/professionnels-entreprises/vosdroits/F22366
  青少年農業交付金（DJA：dotation jeune agriculteur）
* 34 経産省2014年　Etudes économiques N°40とINSEE 2016年
* 35 https://www.pilotersaferme.com/　現在ではすでに1000の農家が利用しており、会社の従業員はまだ3人だが、市場の拡大が見込まれている。
* 36 https://www.mybus.io/　ラスベガスの「CES（コンシューマー・エレクトロニック・ショー）」でも、システムを紹介した。世界中の運輸事業体が顧客になりうる。
* 37 https://www.laou.fr/　職安の全国版ネットだが、「地方都市で生活したい」というスタート点が「失業者の職探し」と異なっている。

第4章
伝統的な塩づくりで人口増加を果たしたバシュルメール村の闘い
——地場産業の復活と自然保護

バシュルメール村全景

1｜天日海塩の商品化で人口を大幅に回復

19世紀の繁栄後、第二次世界大戦前には人口が半減

　大西洋岸の村落群が、地域の自然環境保全と、伝統的地場産業復活の双方に成功した事例を紹介したい。パリから西のナント市（Nantes）までTGVで2時間30分、さらにクルマで大西洋沿岸まで移動すると（図1）、野鳥が舞う一面の湿地帯と塩田風景が広がる。ゲランド半島と呼ばれるこの地域は、中世から遠くスェーデン、アイルランド、スペインまでの塩交易で栄えた。塩田に囲まれた村落、バシュルメール村（Batz-sur-Mer、以後、バ村と表記する）の人口は1850年には3850人を数えた。しかし、他国での塩生産、フランス東部、南部での塩の工業生産などが始まり、地元の塩作りはすっかり衰え、第二次大戦前に村落人口は1776人まで減少した。

　大西洋岸の塩田での塩作りは、工業的なプロセスを一切経ない。太陽と

図1　パリからＴＧＶで2時間半のナント市に近いバシュルメール村の天日海塩

風を利用して、沼地に溜めた水を蒸発させて塩分濃度を高め、結晶した塩を採取する。ブランド名は「ゲランド（Guerande）の塩」で、塩化ナトリウム以外のミネラル、特にマグネシウムやカルシウムが多い。地中海沿岸のカマルグ地帯でも塩を工業生産しているが、大西洋岸の方が太陽と風が穏やかなので、ゆっくりとした速度で結晶化が進行し、より多くのミネラル成分を取り込む。採塩沼の底で結晶する大きな祖塩は、「グロセル・大粒の塩」（Gros Sel）と呼ばれ、フランスのどの家庭にもある。また「フレールドセル・塩の花」（Fleur de Sel）は、塩の山の一番表面に出来る大きな結晶のみを採った初摘みで、繊細な味わいを加味するテーブルトップとして普及している。

天日海塩の歴史を語る博物館

　ゲランド半島一帯では、伝統的手法で製造する天日海塩の世界規模での

商品化に成功し、バ村の人口も2015年、2974人に増えた。バ村の塩田沿いに石造りの家が並んでおり、村落の中心にある教会には、塩交易航海の守り神らしく、大きな船が飾られている。6月のバ村では結婚式を見守る人たちで、村の中心街は人で溢れ、教会の前にある2軒のカフェでは、ブルターニュ地方の伝統楽器でケルト音楽*1の演奏があった（写真1）。カフェの隣のパン屋では日曜日の朝は長蛇の列で、小さい村ながらも活気を感じる。村には、1180m²の塩田博物館*2がある。この博物館の特徴は、天日海塩産業史が地元の経済史を語っていることだ。ものを生産していた人に焦点をあてており、物語がある。塩の歴史は村の文化の歴史でもあり、村のアイデンティだ。まさに「塩の後ろに人ありき」のメッセージが見え、人々の暮らしの生活史が生き返ったように展示されている。博物館の入り口には、30kgの塩籠を頭に載せる塩職人の女性の銅像が置かれている（写真2）。バ村は村のロゴをこのイメージで統一しており、村中のどこに行っても、

写真1　教会の前の村のメインストリートにはカフェが2軒ある。

写真2　バ村のシンボル、塩籠を運ぶ女性象がある塩田博物館

写真3　塩田と博物館長のビュロンさん（Mr Buron）

どんなパンフレットにも同じ図柄が見られる。1984年から博物館勤務で現在館長を務めているビュロンさん（写真3）に、村と博物館の歴史を説明してもらった。1887年に塩職人の娘であった修道女が、伝統衣装と家財道具を伝えるために生活博物館を創設した。1970年に博物館は閉鎖されてしまったが、ちょうど1970年代は天日海塩産業が絶滅の危機に面していた時代でもあった。博物館は1984年に村落共同体の議員たちが、地域の産業再活性化の手段として製塩業を紹介する「海塩田博物館」と改称して再開館させた。産業歴史展示フロアには、塩の歴史的経緯の説明、伝統的な塩の精製器具などが保存され、現代の塩田模型や塩製造に必要な器具の展示もある。民族衣装や生活用品、塩職人の家を再現した生活ルームとの2部構成になっている。2階はギャラリーや様々な写真展や展覧会、催しに利用される。バ村のこの小さな博物館に1984年から2011年までの間に65万人が訪れ、現在では1年間に約2万人の入場がある。博物館では、土地の人々が地場産業を守るために闘った経緯を説明している。

2 | 地場産業を守るための闘い

議員たちが進める別荘地誘導政策との闘い

　バ村には1879年にすでに鉄道駅が整備されていたので、1960年代に庶民もバカンスに出る時代を迎えると、パリから大西洋岸に太陽と海を求める観光客が増えた。1968年には、半島の入江と塩田の間に18haのマリーナ機能を持つ人口島を造成するプロジェクトを一部議員たちが立ち上げた。人口島レジャーランドまでの高速道路建設計画にも、1972年には自治体の建築許可と県の公益宣言DUP[*3]が下りていた。マリーナに直結する高速道路とリゾートマンションの建設事業を通じて、地元の資産価値を高めようとした計画であった。道路は幅35mで、塩田地帯の3km離れた地点を走る予定であった。もしこの計画が実現していたら、塩田活動で保存されていた湿地帯は消え、生態系は破壊されていただろう。1866年に948人いた

塩職人は、1973 年には 287 人しかいなかったが*4、人口島、道路建設計画の反対運動に立ち上がった。「私たちは塩田を守り、そこで仕事と生活を続けたい」というプラカードを持って、開発計画反対のデモ行進を行った。

　当時は、有機農業や環境保全への世論の関心は低かった。工業活動による環境への影響なども話題にはならなかったし、そもそもエコロジーという言葉を聞くこともなかった。塩職人は全員が土地所有者だったわけではない*5。だから彼らが塩田地で生活してゆくためには、「塩の販売促進」、そのためには「塩に付加価値を与える」こと、そして「後継者の養成」が必要だと悟った。ここから天日海塩の本来の価値を認識させるための、10 年以上に及ぶ闘いが始まった。

　職人たちはまず行程表を作った。天日海塩に付加価値を与えるための基本戦略として、「オリジナルな商品―他のどの場所にもない、1000 年以上の歴史がある製法」「自然商品―全く化学物質を使用していない」「手作り―完全な手作業での塩摘み」の 3 点を前面に出した。中でも伝統的な塩作りの手法を守ったからこそ、湿地帯の保全に貢献してきた事実を強調した。文化や歴史的な観点からも、地域の遺産として塩産業を守る活動に乗り出した。当初、役所や議員たちは地元の産業構造転換を進めるために、マリーナやリゾートマンションの建設に熱心であった。従来の第一次産業から大衆観光産業に舵を切り替え、法人税や固定資産税などの財源増収を期待していた。しかし塩職人を中心とする、観光による自然破壊に反対する地元の大きな働きかけを受けて、ついにマリーナ計画は挫折、高速道路の予算案も 1979 年に地元議会で否決された。当時、反対運動の先頭に立った塩職人モンフォール夫人（1928－2011）の大きな写真パネル（写真 4）が、バ村の市民公園の散歩道に立てられている。バ村にはモンフォール夫人の名前を付けた通りもある*6。こんなふうにして、村人は歴史を大切にしている。

写真4 村の中心の市民公園(右)とその入口にあるモンフォール夫人(中央の女性)の等身大のパネル(左)。1970年代にシチリアからの輸入塩に対するボイコット運動を行った

塩職人の地位向上への道のり

　マリーナ計画や高速道路建設への反対運動と並行して、それまで個々に生産活動についていた塩職人たちは結束を固め、業界の編成に乗り出した。1972年に「ゲランド塩生産者集団」を組織し、1976年には塩の貯蔵庫を建造した。自然条件に大きく左右される塩の生産高を、職人たちが調整できるようになり、塩の仲買業者との交渉に対して有利になった。1978年、個人の塩職人でも簡単に塩を梱包できるシステムと機械を導入した。1979年には念願の塩職人養成センターを設立するに至った。塩作り習得コースは、地域の農業組合が企画しているが、この40年間で延べ300人が1年間の実技を伴う講習に参加した。灌漑や水路の作り方などの実技、湿地帯の生態系についての環境学習、自営業としての経理や行政手続きのガイダンスなどの他に、医師から炎天下での無理な姿勢を続ける作業に対する対策まで説明がある。卒業生の85％が塩職人になった。後継者養成

が立派に継続的に保障されている。毎年同じではないが、塩職人家庭出身の講習者は、約3割から半分しかおらず、塩作りが業界を超えて関心を呼んでいることも窺われる[*7]。約7割が地元の者だ。かつては体を使う重労働で若者に避けられた塩作りだったが、フランスの若者全体を覆う不況の中、地元で生活できて解雇もない塩製造に関心を持つ若者が増えてきたのも、時代の皮肉と言える。

新旧世代の葛藤はあったが、「ゲランド塩生産者集団」は1987年に30代の若い年代が中心となり、「塩生産者協同組合農業法人」[*8]に再編成された。職人たちが生産から販売事業まで、一貫して事業を把握できるようになった。現在300人の塩職人のうち、210人が協同組合に加盟している。協同組合は60名もの職員を雇用する大きな組織に育った。現在はバ村を含むゲランド半島全体で面積 $26km^2$ の天日海塩田で、年間平均約1万3000 tを生産し、55ヶ国に輸出している[*9]。

産地の差別化による食文化の興隆

1991年にゲランドの塩は、地産食品の品質を保証する赤ラベル（Label Rouge）を取得した（図2）。食品包装にあるこのロゴは、1960年代に始まった農産物の極端な工業化に対抗して、加工プロセスも含めて質の高い食品に与えられる品質保証だ。1965年に農業省の管轄下にある「国立原産地及び品質機構」[*10]が、狭い農場での飼育ではなく、自由に野原を走り草を食べた鶏肉にこの赤ラベルを初めて与えた。今ではハム、小麦粉、燻製サーモンなど、500余りの食品が赤ラベル指定を受けており、良質な食品の保証となっている。

「原産地呼称証明制度AOC」[*11]ラベルは、原料の生産、加工工程のすべてがある一定の土地で行われたことを示す。フランスのシャンパーニュ地方以外で、同じ手法で製造するスパークリングワインをシャンペンと呼べないのは、このAOC規制で守られているからである。ノルマンディー地方のカマンベールは、必ずその土地の牛乳から規定の方法で製造されなけれ

図2　フランス農業省管轄機関の発行する赤ラベル（地産食品の品質保証）と AB ラベル（有機栽培農産物保証）

ばならない。AOC は農産物に高い付加価値を与えることに寄与している。

　フランスでは今 BIO と呼ばれる有機栽培農産物が、スーパーマーケットでも多くの陳列棚を占めるようになった。市街地では、BIO 農産物のみを扱う店舗も増えてきた。朝市でも市場の客は食べ物に対する意識が高いせいか、スタンドの半数は生産者の直売で、3分の1が有機栽培の農産物を販売している。有機栽培農産物には、1985 年から農業省が発行する AB ラベルがつく（図2）。遺伝子組み換え食品を全く含まず、かつ地球環境を損なわない農法で育てた農産物のみが対象になる。ゲランドの塩も完全な BIO 産物であるが、定義上、塩は食品ではなくミネラル物であるために AB ラベルはない。

　ゲランドの塩が赤ラベルを得て、1993 年には協同組合の生産品の直営販売を行う「ゲランドの塩社」[*12] が設立された。2012 年には「ゲランドの塩」が欧州連合の「保護地理的表示 IGP」[*13] を受け、さらにブランド名をゆるぎないものにした。IGP は、AOC ほど厳格ではないが、必ずその土地で生産される農産物が対象だ。

天日海塩の保護から地域の湿地帯保全へ

　協同組合は1994年に一般観光客を受け入れる広報センターを設立した。2006年には環境教育コーナーも設けて「塩の土地」館（Terre de Sel）として拡大（写真5）、今ではヨーロッパ中から観光バスが乗りつけるまでになり、2017年には8万人の入場があった。1995年にはゲランド塩田を含むブリエール州立湿原公園（写真6）がラムサール条約保護地域として指定された*14。1996年には未開発の塩田も含む36.94km^{2}のゲランド塩田一帯が、ロワール・アトランティック県の保護区域*15に登録された。これでもうこの湿地帯に将来、建築物が建つことはない。1996年から1999年には塩田の面積も増え、2000年代に入ると放置塩田にも少しずつ手入れがされるようになってきた。塩職人たちが、「自分たちの土地で生きたい」という純粋な動機から始まった湿地帯の保護活動だったが、この時代になると「環境を大切にしたい」というフランス中で生まれつつあった流れの中に、ゲランド塩職人の活動も組み込まれた。

　ゲランドの塩を巡る動きは、地産食品の見直しや自然環境の保全などの、フランス全体の歴史とそのまま重なっている。より伝統的なものへと回帰し、市場においても技術面から極めて厳密に伝統的だと評価を受けた生産品を提供し差別化を図る。そうして生産現場や生産物に付帯して生まれた、多くの文化的価値、ものがたりを大切にする。塩職人は営利追求のためだけに、塩田を営んでいるのではない。「郷土を守り、文化遺産を継承し、環境保護に寄与し、湿地の生態系を豊かにする作業を日々行っている」というメッセージを発信しているのである。

　伝統産業保全の重要性を発信する場として大切な塩田博物館は、現在はバ村と15のコミューンで構成する、大西洋ゲランド半島村落共同体*16が管理している（図3）。共同体には地方公務員が6名おり、約520万ユーロの予算で、塩田の水質管理の研究所も持っている。バ村に隣接する、風情のあるルクロワジック村（Le Croisic）は、かつては塩の交易港として栄えたが、漁業事業者はほとんどいなくなったので、漁船はほとんどみられず、

写真5　協同組合の広報センター。中は観光客で賑わっている。後ろの建物は組合保有の塩貯蔵庫

写真6　ブリエール州立湿原公園。野鳥が舞う水路をボートを漕いで進む

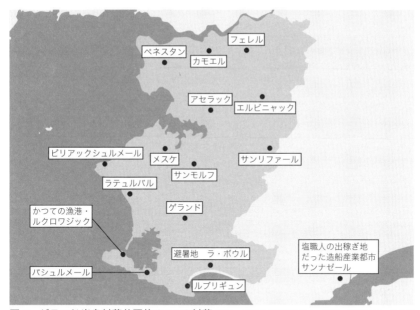

図3　ゲランド半島村落共同体の15の村落 (ゲランド半島村落共同体HP記載の地図を元に筆者が再構成)

今ではレジャーボートが港に並んでいる。干潮の際、港湾の汚染水の塩田への混入を避けるために、非常に厳しい水質検査を行っている。塩田との境界線で養殖していたカキやムール貝の水産事業者は生き残ったが、野菜栽培地は観光客用のマンションに変わった。だから何もアクションを起こさないと、観光業に押されて地元の第一次産業は滅びてゆく。バ村から車で北へ10分の距離にある自治体ラ・ボウル（La Baule）は、戦前から有名な避暑地だった。リゾート開発が進み、2kmにわたる浜辺にコンクリートの高層建物が並び、平凡なリゾートの景観になってしまった。パリやナント市からのバカンス客のための洒落たブティックは多いが、冬場には人影が少なく、観光業以外には主だった産業がない。

3 | 誰が伝統産業と塩田を守ったか

塩職人・議員・学者・環境 NPO と移住者

　伝統的産業を守るために、塩田全体を自然保全区域に指定する申請を県へ働きかけた主役は、塩職人で構成する委員会だ。これに地元の議員たちも加わり、大学の研究者、科学者もその理論づけに貢献した。1980年に地域の中心都市ナントに本拠を置く西部自然科学学会が、ゲランド塩田と周辺の生態学的な研究の成果を発表した。湿地帯が自然科学の研究にとって貴重な宝庫である事実が客観的に説明され、行政や政治家が塩田を違った目で見るようになった。国立科学研究所[*17]やナント大学の研究者たちも、この動きにかかわる。そして環境保護団体、野鳥保護団体や、自然保護の運動家たちも参加した。「塩職人、議員、学者、環境 NPO、この4者はそれぞれ立場が異なるので、最初は問題のとらえ方も意見も委員会で全くまとまらなかった」と博物館長は語る。そこで、環境省の出先機関・環境地域局[*18]の役人が、委員会のファシリテーターの役を果たした。他にも17のNPO が組織され、演劇活動、反対のデモキャンペーン、地元メディアへの働きかけを行い、塩田への保護指定を獲得した。

　運動の初期1970年代から90年代には、よそ者も多く地域に入った。彼らの大半はエコロジスト（環境保護活動家）であり、自分たちの人生の選択として、現代の消費社会とは一線を画した独特の生活態度を選択する。塩職人が減少した時代に、彼らは助人としてやってきた。1970年代のネオルーラル（都会から移住してきた、新しい田舎人）ともいえる彼らは、結束して農地管理集団[*19]を構成し、できるだけ小作ではなく塩田の所有者となり、自立的に塩づくりに営んだ。地元の者たちは、最初は懐疑の目で彼らを眺めていたが、彼らの奮闘、そして収入を上げて生活を可能にしてゆく過程をみつめ、環境保護者に対する評価が変わってきた。また塩づくりそのものの価値や正当性に気づき、塩職人のイメージが向上した。地元の者たちにとっては、かつては近隣の造船産業都市サン・ナザール（Saint-

写真7　駅前にある塩田ホテルのオーナー夫妻

Nazaire）で出稼ぎし、エンジニアとして就労することが理想だったが、よそ者の視点によって、天日海塩の価値を見直した。よそ者の参加が地域にダイナミズムをもたらしたことを、地元の人たちははっきりと感じた。もちろんよそ者全員が受け入れられたわけではない。よそ者は一度に100人単位で村に移住して来たのではなく、2から3年の間に10人ずつくらいと続き、この20年間で自然な流れの中でよそ者の地域への定着がなされてきた。

補助金に頼らずプロジェクトを遂行する「よそ者」

　塩づくり以外の分野でも、よそ者が活躍している。博物館の隣に「塩田ホテル」[20]が2017年にオープンした。フランスの東部からやってきた夫妻（写真7）は、最初は隣の港町でクレープ屋を経営し、今はバ村の鉄道駅の正面の小綺麗なホテルを家族で経営している。週末には3人の息子たちも

写真8　大西洋岸のドイツ軍トーチカ歴史博物館

写真9　トーチカ博物館のオーナー・ブラゥアーさん（Mr Braeuer）

総出で、客室の掃除などを手伝っている。

　バ村の海岸線沿いに、ドイツ軍が作った防塞用コンクリートのトーチカ（写真8）が残っており、観光地となっている。風光明媚な景観にはそぐわないが、県内の有料観光施設の中で入場者数7位を誇る。トーチカ歴史博物館*21 は1997年7月にオープンするなり成功をおさめ、11月までの間に1万5300人の入場があった。ちょうど海沿いの散歩道に位置するのでアクセスが良く、2017年には訪問者数は年間4万人に達している。入館者の80％はフランス人で、イギリス人、オランダ人、ドイツ人と続く。ドイツ軍兵士たちのトーチカでの生活と、ドイツ軍によるブルターニュ地方占領時代から解放までの歴史を、詳細に再現したマネキンとともに展示する私立博物館だ。オーナー（写真9）はパリ郊外出身、子どもの時から軍事コレクションが趣味だった兄弟で、20代半ばでバ村に来た。ノルマンディー地方にはすでに類似の博物館が多いので、このブルターニュ地方で自分たちのコレクションを元にした博物館をと考えたそうだ。バ村の村長にプロ

ジェクトを持ちかけると、「大変素晴らしい。しかし1フランでも補助金を村役場に申請するなら、この話は今後10年間は聞く耳を持たない」とはっきり言われたそうだ。だから全くの自己資金で開館までこぎつけた。50年間放置されていた防塞ブロックの改修工事などは、自分たちで半年かけて行った。週末も含めて1日10時間以上働く姿が、地元の信頼を得るまでにそれほど時間はかからなかった。こうして、補助金を全く受けずにプロジェクトを実現させ、地元の観光拠点の1つになった。「自分たちの好きなことで生活してゆけるのが大変楽しい」とオーナーは語る。

　よそ者が村にやってきて、塩職人や博物館経営で生活が成り立ってゆくのか。結局は、自分たちの人生で何を求めるかによる。バ村には都会の華やかさは全くないが、大西洋と塩田に囲まれた素晴らしい自然の中、豊かな海産物、美味しい農産物に恵まれた、質の高い生活環境が保障されている。田舎への移住は、「何が人生の成功か」というそれぞれの問いかけにつながるのだろう。

4｜観光産業振興と村の将来

　バ村の入口には「ようこそ」というプレートとともに、花が1年を通じて飾られているが、大きな建設現場とクレーンも見える（写真10）。マンションが建設中だ。バ村があるゲランド半島はパリから車で5時間なので、バカンスや年金生活用の住まいとして、家屋を求める都会住民が多い。バ村を含む村落共同体の人口構成の大きな特徴の1つは、年金生活者が45％を占めることだ。ゲランド半島の海沿いではマンション建設は回避できたが、内陸の別荘建築は進んだ。ゲランド半島村落共同体のエリア内の家屋数は7万877戸で、そのうち常住者は51.6％しかいない。バ村の家屋の60％もナントやパリの住民の別荘である[*22]。

　ゲランド半島は伝統産業の継続と、自然湿地帯の保全に成功した。まさに、持続可能な発展だ。しかし土地の人たちは、このまま別荘都市として

写真10 花で飾られた村の入口（上）と大きなクレーンが見える村の通りを車椅子で移動する住民（下）

あるいは観光地として発展していって良いものか、考えざるを得ない。別荘・観光都市では1年中、商業活動はできない。観光という1つの産業だけに頼った地元経済は脆弱になる。多様な経済活動の並立こそがバランスの取れた地域産業のあり方だろうが、塩製造以外は漁業も農業もすっかり衰退してしまった。観光産業は自身が経営者となる以外は、安定した十分な収入が保障された仕事ではない。また最近の傾向として、地域を訪れる観光客は、海辺長期滞在よりは、近隣の大都市ナントでの文化イベントなどを中心に予定を組む傾向がある。ゲランド半島での長期滞在組は別荘族

だ。そして別荘地としての成功は、思わぬ弊害を土地の人にもたらした。土地価格が高騰し、塩職人たちが塩田から20kmも離れた村落でしか住めない、という事態を招いている。それではせっかくの自然の中での職住近接の暮らしが実践できない。資産価値の上昇は、相続時にその家屋に土地出身の家族が住み続けることも難しくしている。もし相続対象となる家屋に兄弟の1人が住み続ける場合、相続した他の者たち全員に、彼らの相続分を対価で支払う必要があるからだ。不当な不動産価格高騰に対し「ブルターニュ地方は、パリジャンの別荘地ではない」と反対のキャンペーンを張る若者もいる。

「地元を守る戦いに決して終わりはない」は、長年の塩田の変遷を見てきた博物館長の言葉だ。塩田は県の自然保護指定を受けたので、原則として保全はされるが、塩田のフリンジ地域における、隣接土地利用との兼ね合いの問題は残る。地球温暖化の影響も少しずつ塩田に及んでおり、その対策が急がれる。海が1m上昇してしまうと、塩田は消滅する[*23]。

時代とともに、喚起される問題も闘うアクターも変化してゆくが、立ち止まることは許されない。どのようなヴィジョンでバ村を発展させてゆくのか、これからも検証と討議が必要とされる。塩作りは地元の観光産業に育ち、期せずして伝統産業の存続と別荘地としての繁栄の共存を成し遂げたバ村だが、決して現状に安住しているわけではない。日本でも伝統産業を守りながら、観光地や別荘地としてのブランド樹立を目指す村では、次世代に土地遺産を残せるかどうかまで考えて、観光産業等の振興を図る必要がある。

バシュルメール村　基礎データ（2015 年）

		バシュルメール村	ゲランド・大西洋村落共同体 （15 の村で構成）
人口	人口	2974 人	7 万 3463 人
	人口密度（1 km² 当たり）	320.8 人	190 人
	面積	9.3 km²	386.12 km²
	2010 年から 2015 年までの人口	＋ 0.5 ％	＋ 0.3 ％ （2009 年から 2013 年まで）
	そのうち自然人口推移	＋ 0.4 ％	− 0.4 ％
	そのうち移入・移出人口推移	＋ 0.1 ％	＋ 0.7 ％
	世帯数	1480	3 万 4018
	出生数（2017 年）	14 人	590 人
	死亡数（2017 年）	62 人	993 人
住宅	住宅数	4033 戸	7 万 2488 戸
	本宅としての利用率 （別荘ではなく、1 年を通して住居）	36.7 ％	46.9 ％
	別荘としての利用率	60.1 ％	48.8 ％
	空き家率	3.2 ％	4.23 ％
	持ち家率	72.1 ％	72.2 ％
所得	世帯数	1579 戸	3 万 6200 戸
	消費単位当たりの年間可処分所得の中央値	2 万 795 ユーロ	2 万 1970 ユーロ
	課税対象世帯割合	57.7 ％	60.2 ％
雇用	雇用数（給与所得者・自由業など形態を問わず）	586 人	2 万 3920 人
	そのうち給与所得者の割合	63.2 ％	79 ％
	雇用率変化（2010 年から 2015 年）	− 0.9 ％	− 0.5 ％
	失業率（15 歳から 64 歳対象）	14.5 ％	12.5 ％
産業	事業所数　2015 年 12 月	413	9491
	そのうち農業	3.4 ％	4.8％ ％
	そのうち工業	17.4 ％	6.4 ％
	そのうち建設業	9.4 ％	9.5 ％
	そのうち商業、交通、サービス業	62.7 ％	68 ％
	そのうち行政、教育、社会福祉機関	7 ％	11.4 ％
	そのうち従業員 0（自由業・自営業）	329	6981（73 ％）
	そのうち従業員 1 〜 9 人	78	2176
	そのうち従業員 10 〜 19 人	4	176
	そのうち従業員 20 〜 49 人	1	94
	そのうち従業員 50 人以上	1	64（0.6 ％）

（出処：INSEE のデータを元に筆者が再構成）

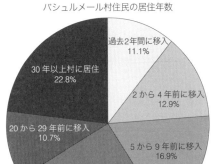

村住民の 40.9％は、この過去 10 年間にバシュルメールに移住してきた
（出典：INSEE　2015 年）

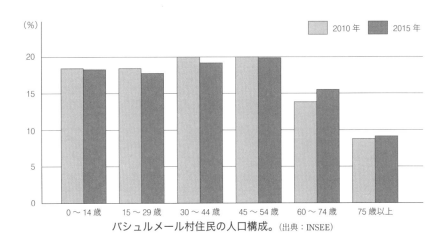

バシュルメール村住民の人口構成。（出典：INSEE）

注
* 1 ナント市から西の大西洋岸沿いの地域はブルターニュと呼ばれ、地方言語ブルトン語を持ち独特の文化圏を誇る。民族の起源はアイルランドやスコットランドと同じケルトである。
* 2 Musée de Marais Salant
* 3 公益宣言（DUP : Déclaration d'Utilité Publique）合意形成の最後のステップで、国の出先機関である知事が出す公共事業への許認可。DUPが発令されると、私有地収容が可能になる。
* 4 ロワール・アトランティック県農業会議所「塩田レポート」2011年5月発行
* 5 当時、塩職人の約半数が、塩田地の所有者と、農地賃貸契約（通常9年、12年、25年の3タイプがある）を交わして、借り受け人として塩田で塩作りを行っていた。また、塩田地主の中にも、マリーナのための土地譲渡に反対する者がいた。プロモーターに塩田土地の一部だけの切り売りは困難だったことも、塩田が残った一つの要因だ。
* 6 rue Michèlle Monfort
* 7 https://www.leguerandais.fr/fr/la-coopérative/organisation-fonctionnement-et-chiffres
* 8 Société Agricole Coopératives des Paludiers
* 9 https://www.leguerandais.fr/fr/la-coopérative/organisation-fonctionnement-et-chiffres
* 10 Institut National de l'origine et de la qualité
* 11 AOC : Appellations d'Origine Contrôlée
* 12 Société Les Salines de Guérande
* 13 IGP : Indication Géographique Protégé
* 14 Parc naturel régional de Brière：塩田の内陸側にある548km^{2}の湿地帯で、水鳥が有名。ラムサール条約にはゲランド塩田も含めて、190km^{2}の湿地帯が登録されている。Ramsar条約は、水鳥を初めとする多様な生態系を生息させる湿地帯を保護する意図で設けられた。
* 15 Site classé：個人、行政の申請も可能。登録は国の出先機関である県知事が検討し、環境省が任命。基本的に保護区域に指定されると、広告等がいっさい禁じられ、新規の建築許可は与えられない。
* 16 Communauté d'Agglomération de la Presqu'île de Guérande - Atlantique, Cap Atlantique
* 17 CNRS : Centre National de la Recherche Scientifique
* 18 Direction régionale de l'Environnement, de l'Aménagement et du Logement：環境、土地整備と住宅に関する地域局（州政府の機関）
* 19 Groupement foncier agricole：農業法人として会社機構を立ち上げ、農地を相続の対象となる資産ではなく、会社資産のシェア分として扱う。相続時の農地分散を防ぐことを目的としている。
* 20 https://hotel-des-marais-salants.business.site/
* 21 https://www.grand-blockhaus.com/en-gb/home 現在では近隣のサーブルドロン（Sable d'Olonne）、ラロシェル（La Rochelle）でも、自治体からの要請にもとづき、同様の博物館を設立した。
* 22 フランスでは別荘地の自治体に選挙区登録して固定資産税など支払えば、1年中居住していなくても、自治体議会の議員に立候補できる。だから都会住民の存在は、村の財政や政治にとっても、影響力が大きい。
* 23 ゲランド塩生産者協同組合は、その成り立ちから環境問題には敏感だ。1000m^{2}の塩貯蔵庫の天井には植物シーリングを行い、オフィスには再生可能エネルギーを利用している。また塩の洗浄には雨水を利用している。

カーニバルの子どもたち （提供：Mr H.Vincent）

第5章
移住者の「生き方」を支援するカドネ村の戦略

1│ 1978年に最後の籠工場が閉鎖した村で人口が2600人から4254人に

移住者を受け入れる村・カドネ

　1989年にイギリス人ピーター・メイル氏*1が、『南仏プロヴァンスの12か月』で、太陽に恵まれた風光明媚な南フランスの村での住民たちの素朴で豊かなライフスタイルを、素晴らしいデッサンとともに紹介した。同書は28ヶ国語に翻訳された。プロヴァンスという言葉には、冬の長い北欧州に住む人たちが憧れる地中海沿岸都市の雰囲気が漂う。だがメイル氏が移住し、本の舞台となった里山の小さな村メネルブ*2は内陸山間部に位置し、冬は北風ミストラルが吹き寒い。メイル氏は、1年中人が生活する南フランス里山の村の姿を描いた。2012年には、フランスの政治社会学者のルゴフ氏が、メネルブ村から27kmの距離にあるカドネ村*3をモデルにし

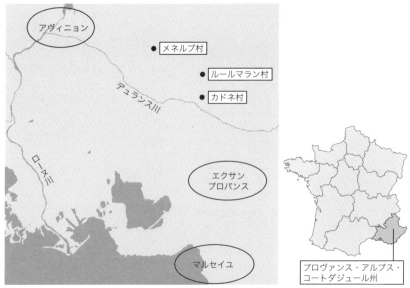

図1 カドネ村、メネルブ村と周辺の大都市

て、『プロヴァンスの村の終焉』*4 を発表した。ルゴフ氏は、社会学者の視点で 1945 年から 2012 年まで、近代化してゆくカドネ村の姿を分析し、南フランスの村独特の共同体の移り変わりと住民たちの生き方を丁寧に記述した。本章では 2012 年以降のカドネ村のさらに新しい動きにふれ、多種多様な新参者を受け入れながら、ダイナミックに変遷を遂げている小さな村の共同体を紹介したい（図1）。

都市部の若者を囲い込む

　カドネ村は、デュランス川*5 の洪水から逃れるために、高台の等高線上に村が広がった（図2）。村の細い路地の奥の小高い丘に残っている 11 世紀の城塞廃墟から、川と平野を真っ赤に染める見事な夕焼けを眺めることができる（写真2）。村は、中世から少しずつ高台から河川敷まで広がって発達してきた。カドネ村の中心広場には、村のシンボルである、1894 年に建立された太鼓をたたく勇ましい少年兵の像が建っている（写真1）。第二次大

図2　16世紀のカドネ村 (提供：ALEP 社)

写真1　太鼓少年の銅像がある中心広場で開催されるカドネ村の歴史イベント
(提供：Mr H. Vincent)

写真2　古城跡地から見る景観。遠くに見えるのはセザンヌが描いたビクトワール山塊

写真3　村落共同体が運営する村の観光案内所。隣は美容院

写真4　広場のレストランと村の入口にある立て看板
「ゆっくり坂を上がってください。カドネへようこそ」

第5章　移住者の「生き方」を支援するカドネ村の戦略　|　105

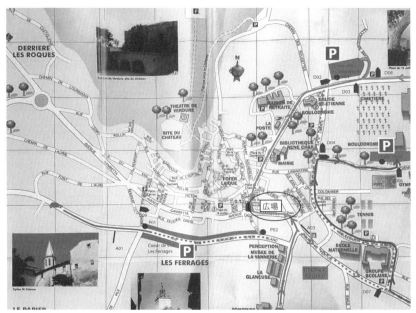

図3 カドネ村 太鼓を持つ少年兵の銅像がある広場と村の全体図 （提供：ALEP社）

戦による占領下の時代、ドイツ軍から銅像の廃棄を強要され、夜間に村の住民たちが土に埋めて隠したが、戦後1945年に、再び村の中心広場に銅像を置いた。銅像の周りには、小さな観光案内所（写真3）とカフェ、レストランがある。この広場を中心に、薬局、パン屋が4軒、肉屋、スーパーマーケット、お惣菜店、クリーニング店、写真店やスポーツ用品店などが並ぶ。保険代理店が1店、銀行の2支店が揃っており、日常生活に必要な用件は村内でできる（図3）。美味しいレストランも3軒ある。

1978年に村の最後の製籠工場が閉鎖した後は、さくらんぼやアスパラガスなどの農産物生産が主になり、村の人口は1982年では2600を記録していた。1980年代に村は、近代的な住居群と幼稚園から中学校までの施設の整備を始めた。近隣の6つの村落と事務組合を構成し、水処理などの合理化を進めた。村長[*6]は、「カドネ村の発展のためには、近隣の都市部で働いている世帯を村の新しい住人として引き寄せなければならない」と早くか

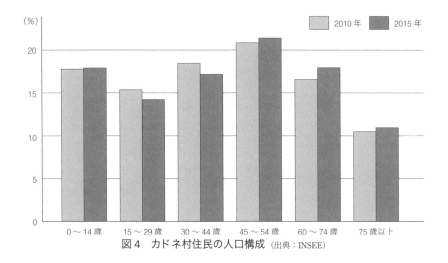

図4　カドネ村住民の人口構成 (出典：INSEE)

ら考えていた。カドネ村の人口増加は、都市部の若い就労世帯を村に囲い込んだ良い例だ。移住者の大半が若い世代なので、15歳以下の人口が75歳以上の2倍近くいる人口構成だ（図4）。出生者数が死亡者数を上回り、移入者超のため現在カドネ村の人口は4254人で、まだ上昇中だ。

2 ｜ なぜ人口が倍増したのか

交通事情の改善

　人口が倍増した第1の要因は、交通事情の改善だ。近隣の都市、エクサンプロヴァンス、アヴィニョン、マルセイユなどから、山間部の村まで車で1時間以内の通勤圏となった（図1参照）[*7]。マルセイユ国際空港や、アヴィニョンTGV駅まで1時間以内という距離が、パリやリヨンなど大都会への出張が多い管理職も惹きつけた。大きくなり過ぎた都心から逃げ出したい人や、プール付きの家を求める中流富裕層の人たちの、里山村落部への移住が1990年代から始まった。エクサンプロヴァンスでは小さなマイホームかマンション住まいだが、クルマで30分走れば村落部でもっと

敷地の広い邸宅を購入できる。次に移住に必要なのは、学校と医療だ。

　1976年設立の中学校の拡張工事を行った2000年代から、カドネ村の人口が増え始めた。村には2歳以下の30人の子どもを預かる保育所や、150人の児童がいる幼稚園、生徒が300人の小学校もある。村の中学校には600人が、スクールバスでカドネ村周辺の小さな自治体からも通学している。若い世帯には、村の充実した学校施設が大きな魅力となった。日常生活に必要な内科医や歯医者、産婦人科医がいる診療所と薬局もそろっていて、15km離れた人口2万のペルチュイ村[8]に、高校と大きな病院がある。まとまった買い物には、カドネ村とペルチュイ村の中間地点にあるドライブインサービス[9]を備えた大きなスーパーマーケットが便利だ。

少子化対策と女性の社会進出

　親世代に素晴らしい仕事と住居が用意されても、都会からの移住で躊躇する原因の1つが、子どもの教育だろう。村落に移住するフランスの親たちは、里山の学校に子どもたちを転校させることに不安は感じていない。都会のような麻薬への誘惑などがなく、交通事故や誘拐の心配も少なく、自然環境が良い村での子育てを好ましいと考えている。教師などの教育関係者も、同じ考えで村に移住する動きがあるので、村の学校レベルが都会のそれと大きく異なることはない。

　専業主婦が成人女性の6.7%しかいないフランス[10]では、待機児童問題がほとんどない。保育所が完備しているだけではなく、多様な形の預け先が確保されているからだ。中でも、家庭で子どもを預かる保育ママ制度（第3章[23]参照）が、働く親たちの大きな味方だ。3歳児の95%が、自治体が運営する幼稚園に行く。両親の就労タイムに合わせるためにどの自治体でも、午前の7時から始業時の8時20分まで、また終業時刻の4時から7時まで「学童保育クラス」[11]を運営している。幼稚園終了後は保育ママの家で両親が引き取りに来るのを待ったり、シッターが子どもたちを自宅に連れて帰ったり、と夕方の時間の過ごし方は様々だ。小学校卒業までは、

子どもたちを決して1人で登下校させない。社会全体に子どもを1人にしないシステムとサービスが整っている。フランス人にとっては、「子どもがいるから仕事を辞める」という選択肢はほとんどない。45％の結婚が離婚に至るので、自活できる力を持ち続けなければならないという事実もある。75％の離婚が女性側からの申し立てだ。1人の人間として、社会とのつながりを持ちながら生きてゆくことが当然と考えられている。専業主婦が少ないので、母親の無償労働を期待する学校側の態度も全くない。母親も労働を通して社会に貢献しており、そこには余計な負担をかけない。PTA組織はあるが参加は任意で、順番で役員が回ってくるしくみではない。母親も父親も独立した人格として、いかに自分のキャリアと子育て、家族との時間を調整するかに腐心している。管理職に占める女性の割合も30％を超え、数値は毎年上がっている。法曹界や医学界では女性の数が男性を超えた。45歳以下では一般医の58％、30歳以下では一般医の66％を女性が占め、看護師なども含めると病院でのスタッフは女性の方が多い[*12]。弁護士も55％が女性だ[*13]。地方政治の議員職や行政職でも女性が半分を占め、社会で就労する女性が当たり前になり、女性が働き続けやすい環境がこの30年間に整ってきた。

　フランスで2016年に誕生した新生児の59.7％が、婚外子（事実婚カップル、未婚の母など）である[*14]。結婚する5組に対して、4組のカップルがパックス[*15]と呼ばれる、結婚よりも制約の緩いパートナーシップ契約を結んでいる。結婚と出産を切り離し、子どもは次世代を担う国の資産として、母親の既婚・未婚を問わず、子育てを支援するシステムをフランス社会は提供してきた。親を軸にせず子どもの権利を中心に据えた制度設計がなされている。欧州内でも女性の就労率が高い北欧やフランスで出生率が高く、幼児の保育システム整備が比較的遅れているイタリアやドイツで出生率が低い。女性の高学歴国では子育てと就労を両立できる制度を確立しなければ、出生率が下がる事実を示している。地方が元気になる必要条件の1つは、バランスの取れた人口構成である。就労する女性も子どもを産

み、育てやすい社会環境の整備が、地域が栄えていくことの大前提でもある。

高等教育と都会志向の薄さ

　就労する両親にとって、子どもを迎えに行くためにどちらかが早く帰宅する必要がある期間を乗り越えて、子どもが中学校に入学すると楽になる。その折に、クルマで連れていく必要がない距離に学校施設があることが、住居探しの大きなポイントになる。カドネ村では、人口に比して大規模な中学校の整備が人口増加の大きな要因の1つとなった。学校は学問を習う場であり、スポーツ活動や音楽の習得は、地域のNPO組織で行うのが大半だ。子どもたちは、学校の授業がない水曜日や土曜日には、地域で自分たちが選んだスポーツや音楽活動を行う。カドネ村にはテニスコートや陸上競技場もあり、子どもたちの充実した余暇活動が可能なことも、移住組にとっては必要不可欠だ。

　高等教育に関しては、地方都市にも充実した高校や大学が多い。大きな地方都市の進学校の高校では、エリート養成機関・大学校（グランゼコール）に入学するための準備コース[*16]も置かれているので、地方在住でもパリの難関教育機関に入学できる可能性はある。私立大学は少なく、基本的に国立・公立大学の教育費は無料なので、教育の機会は均等だが、フランスはその結果には厳しい。出身大学のランキングで初任給に極端な差が出るのは周知の事実で、就職生活の初期は最終学歴にかなり影響を受ける。しかし、ごく一部のフランス人をのぞいては、大都会の有名校を卒業、大企業に就職というコースを子どもに過度に期待する風潮は見られない。必ずしも大都会志向ではなく、地方都市で充実した生活ができることを、1つの事実、生活の選択肢として捉えている。それは自分が生まれ育った故郷を誇りに思っているからであり、そこには勝ち組、負け組という発想はない。教育とは、子どもたちが自分にふさわしい職業を見つけるプロセスを支援するものだ、と考えている。子どもたちが幼い間は、塾や部活で親と

顔を合わせる時間を奪うのではなく、家族で過ごす時間を優先し、一般家庭では夕食時に両親が揃う努力をしている。だが子どもが小さい時は、就労している両親にとっては綱渡りのような、時間との競争の毎日である。だからこそ週末くらいは心身をリラックスできる田舎暮らしを求める、とも言える。

3 ｜ 村づくりに貢献する移住者の生き方

村の市街地整備を担うアーキテクトは移住組

　カドネ村長に今一番大切な課題を尋ねると、「クルマとの折り合い」と即答された。「村の中心部から車交通を制御して、ゆっくりと歩ける空間を取り戻したい。昔からの村の住民は、歩いて人とすれ違い話を交わしたかつての村の風景をまだ覚えている。高齢者たちは、健康のためにも歩けるまちの再来を望んでいる。村のフリンジに家を建てた新住民たちが、クルマで村まで来れるようにしつつも、歩行者専用空間を整備する。クルマを上手く排除すれば、村の高台にある各路地の通りからデュランス川までの眺望がよくなる。見晴らしの良い、歩けるまちに、人の賑わいをもたらしたい。」

　村に景観デザイン事務所 ALEP（写真5）[17] を設立したドリオさんと、村役場との協働が始まった。

　ドリオさんはエクサンプロヴァンスの建築設計事務所で働いていた1998年に、家族の住居をカドネ村に移したネオルーラルの典型的な1人である。なぜカドネ村に引っ越ししたのか？という質問に対し、明解に理由を3つ述べた。まず住居。エクサンプロヴァンスで当時50万ユーロの一軒家が、村では15万ユーロで入手できた。カドネ村には、日常生活に最小限必要な行政機構や、中学校までの教育施設が充実している。夏期だけ人が多い観光地ではなく、年間を通じて文化行事などが開催される活気ある自治体であることに注目した。3つ目は、生活圏の中で接する人たちの顔

写真5 設計事務所 ALEP のメンバー (提供：ALEP 社)

が見える、人間らしい村の暮らしに惹かれた。昔は都会でも「横丁界隈の生活」があったが、今ではスケールが大きくなり過ぎたと感じていたそうだ。

　当初はカドネ村からエクサンプロヴァンスまで通勤していたが、2003年にドリオさんは自分の会社を創立した。事業主になると、週末や夜遅くに仕事をする必要が生じ、自宅からクルマで45分かかるエクサンプロヴァンスまでの移動が負担になってきた。時間の節約（毎日の通勤時間を足すと、1週間で丸1日の労働時間になる）を考えて、2005年にカドネ村に事業所も移した。法人税などの企業にかかる諸経費もカドネ村の方がはるかに安いし、家族と過ごす時間も増えた。社員たちには「これから6ヶ月後にカドネ村に転居する」とあらかじめ伝えた。社員たち全員がそれから10年の間に、エクサンプロヴァンスからカドネ村やその周辺の村落に引っ越ししてきた。現在では3名の景観デザイナー、1名の建築家、3名のデジタルグラフィックデザイナー、2名の事務員を抱え、欧州全体を対象にし

写真6　整備対象になった噴水のある広場　(提供：Mr H.Vincent)

た仕事を行っている。

　こうして住まいもオフィスもカドネ村に持ってきたドリオさんが、村の市街地整備プロジェクトに深く関与してゆくようになるのは、自然の成り行きだ。2014年の市長、市議会選挙の折の公約の1つが、村の2つの中心広場整備と、広場をつなぐ道路改善プロジェクトであった（写真6）。この計画には3年間で160万ユーロの予算が議会で認められた。3分の1は元憲兵隊の官舎建物を売却して得た自主財源、3分の1は国や県などからの補助金、残りの3分の1が借款だ。駐車場の見直しをプロジェクトに追加したのは、ドリオさんの提案だ。村の中心道路に面する村役場前の駐車場では、駐車台数50台のうち30台は全く1日中動かないクルマであった。そこで村役場前駐車場の駐車時間は1時間30分に規制して、その代わり無料にした。村役場から徒歩で3分の距離に大きな新駐車場を整備して、日中動かない商店経営者のクルマなどを移動させた。村の中心地にアクセスす

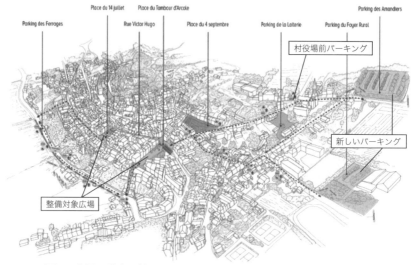

図5　広場・道路・新しいパーキングの見取り図 （提供：Marie de Cadenet）

るクルマは、フリンジに新しく設けたこの2つの駐車場に誘導して、できるだけ村を通過するだけのクルマ台数を制御する試みだ（図5）。村に入るすべての道路上に、新駐車場にクルマを誘導する大型ポスターを配置した。

小さな村の合意形成

　この広場整備と道路再編成計画の合意形成は2015年9月から始まり、2018年12月に工事終了の予定だ。旧住民もネオルーラルも「車は村の外」で大賛成だったが、商店街は反対した。村の商店経営者たちは郊外の大型店舗との競合が厳しい上に、もし村の中までクルマでアクセスできなければ、商売がさらに難しくなると不安を募らせた。だから村中心部のクルマ走行や駐車は規制するが、中心広場をクルマで通り抜ける可能性は残した。工事期間中の商店の売り上げ減損は、約20％と算出されている。大都会でのトラム導入工事の際に行われるような商店への所得減損分の補填は、予算が少ないカドネ村にはできない。そこで工事年度の法人税や社会保険の掛け金等の支払い延滞を、商店主たちに認める措置を施した。

写真 7　噴水の周りの小石を敷設する作業員（左）と ALEP 所長ドリオさん（Mr Deliau）

　人々は実際に目に見えるものの変化には敏感で、村人たちは新しい景観を概ね受け入れた。デザイナーたちは、プロヴァンス地方独特の景観を作る要素、プラタナスの木、噴水、小石、階段などは保持した（写真7）。これらは、村のアイデンティティでもある。一方、街灯、椅子、クルマのストッパーなどのストリート・ファーニチャーには現代的なデザインを施した。それらがプロバンス風ではないと、不満を唱える意見も聞かれたが、採用されたデザインは公開入札に基づいていたので、大きな問題になることはなかった。どのようにデザインを決めたのだろうか？

　村の中心広場整備計画は、フランス全国を対象にした公開入札をかけた。40社の応札があり、その中から国、州、県の専門家を含む村の審査委員会が3社を選んで、基本設計図の提案を依頼した。地元の企業を使う圧力は一切なく、結果的には村から80km離れた建築会社の道路整備と広場整備のデザイン案が選ばれた。公開入札の大きな意義は、提案された様々な企

画案を吟味するために、村役場の議員たちが自分たちの課題として積極的に計画に関わったプロセスだという。これが本当の意味での合意形成でもある*18。ドリオさんは、市役所との企画コンサルタント契約を2014年から2019年まで結び、発注者である村役場を代理する事業主の役割を担っている。規模の大きい自治体なら、半官半民の第3セクターが土地整備事業を管轄するが、カドネ村ではドリオさんの事務所がその役割を代替している。ドリオさんは、企画初期の合意形成から現場での工事進捗状況の確認も含めて、村役場に寄り沿い企画の最後まで見守る。すべてのプロセスを見通しているので、住民に説明するために必要な横断的な知識も入手できる。

　こんなに小さな村で、車走行を減らすという、住民合意が一番困難とされる道路利用条件の変更や、広場景観のダイナミックな改修がなぜ可能なのか？　それは都会での大型企画の仕事も手掛けてきたドリオさんのチームがもたらした、プロジェクト文化や合意形成の文化に村人たちが触れたことだろう。ドリオさんたちは、他の都市での企画において結果を出してきた実績を丁寧に議員たちに説明した。村に住んでいる事実も説得には有利だった。そして小さな村だからといって、小さなツールを使い、小さく動いたわけではない。合意形成は大都会と同じく、プロジェクト展示会、住民公聴会などを企画し、200人が集まる大規模な集会を3回実施した。計画が全部整ってからの情報公開ではなく、計画段階、構想段階から情報を公開して村民が計画構築プロセスに参加できるように仕向けてきた。そうすれば賛成か、反対かを議論する集会ではなく、建設的、具体的な意見が討論される集まりになる。外部からのよそ者が村議会と積極的に協働することを通じて、村民たちも新しいまちづくりのプロセスを学んできたと言える。

食を活かした産業振興に関わるオリーブ精製工場オーナー

　もう一組、カドネ村でネオルーラルとして独自の事業展開をしたのが、

写真8　オリーブオイル製造企業 Bastide du Laval の起業者クパ夫妻
（提供：Mr & Mrs Coupat）

クパ夫妻*19（写真8）だ。カリフォルニアで1985年から3つの旅行代理店を経営していたが、1998年にカドネ村のブドウ栽培農家の土地を15ha購入し移住してきた。カリーヌさんはフランス南西部の農家出身、ローランさんはボジョレー地方の葡萄栽培家の出身で、どちらもカドネ村とはゆかりがない。大都会ロサンジェルスの交通渋滞から離れ、小学校と中学校があり朝市が立つ生き生きとしたカドネ村の様子に惹かれたそうだ。転居当初はカドネ村の隣のペルチュイ村で旅行代理店を開業し、従業員50人の企業にまで発展させた。同時に4000本のオリーブの木を植え、オリーブオイル生産ビジネスを立ち上げた（写真9）。この時期、クパさん夫妻は地元の人たちからはアメリカ人と呼ばれていたので、多分よそ者扱いされていたのだろう。リュベロン地域圏自然公園*20における工場建設許可に関しては、カドネ村長の大きな支援があった。2010年にはローランさんは、モンペリエ大学でオリーブオイル学講座*21を修了し、旅行代理店は売却し

写真9　オリーブ工場に見学に向う子どもたち（提供：Mr & Ms Coupat）

て本格的にオリーブ栽培とオイル精製事業に乗り出した。オリーブの手摘みから始まり、肥料は堆肥で徹底した有機栽培を行う。イタリアのトスカーナ地方から近代的な精製用機器を導入し、低温でのオリーブオイル抽出を行っている。2015年のパリ農業展での金メダルをはじめ、合計29のコンクールでの連勝を果たした。

　2016年度には地元のオリーブ生産者500人が、クパ夫妻の精製工場にオリーブ豆を持ち込みオイル精製を依頼したことからも分かるように、すっかりクパ夫妻のバスティド・ラバル社[*22]は地元に定着した。オリーブを挽く水車がある農家は、南フランスでは村のアイデンティと伝統的にみなされていた。今では近代的なオリーブ精製工場は、小学生から高校までの課外学習の訪問先でもある。工場の見学やオリーブについて学ぶセミナーコースには、地元の調理専門学校の生徒も参加する。世界中、日本からも観光客が訪れる。村人にとっては「何もなかった」土地に、クパ夫妻は付加

写真10　村長（前列中央）と村会議員たち（提供：Mairie de Cadenet）

価値を与えた伝統産業を振興させた。

4｜移住者を受け入れ、支援する村

NPO活動を通した地元への統合

　旧住民から新住民への拒絶はない。逆に「来るな」とは言えない。「それを言えば、村は死ぬからだ」と、はっきりと村長（写真10）は言った。同質の住民たちだけの集まりだけでは、自治体のダイナミズムは生まれない。現在、27人の村議会議員の半数がすでに新住民で占められており、村長自身もカドネ村出身ではない。村議会議員で経済担当の副村長ジョゼフさん（写真11）は「私は20年前にこの村に来た。自分では村人だと思っている」と明言した。ここでも、村はよそ者ととも作ってゆくのだ。

　村の新住民たちのほとんどはエクサンプロヴァンスで就労しているので、

写真11　左から副村長の1人である村会議員のジョゼフさん（Ms Joseph）、総務部長のジョレさん（Ms Joret）、村行政文化部のスタッフのテキシエさん（Mr Texier）

　旧来の村人たちと職場での交流はない。新住民には子連れ家族が多いので、学校の行事や、子どもや親たちが余暇を過ごすNPOでの活動を通じて、新旧住民の交流が始まった。人口4254人のカドネ村には67ものNPOがあり、村役場も補助金を与えている。教育・社会・文化・福祉活動拠点となるホール、運動場、テニスコートなどのメンテナンスは、役場の予算で行っている*23。新旧の住民が最も交わる場は、サッカーや玉突き（ペタンク）などのスポーツイベントだ。NPO活動を通して、異なる年代、職種の新旧住民たちが、村でイベントを立ち上げたり、新住民受け入れ態勢を整備している。NPOは新住民に必要な情報を与え、村人との活動の共有を通して村への同化を助ける。

　都市の規模を問わず、フランスのコミュニティにおけるNPOの存在は大きい。アソシアシオン（Association）と呼ばれ、1901年の結社法*24に基づいて、会長と会計係がそれぞれ1人ずついれば結成できる市民団体だ。

幅広い年代を対象とし、活動内容もスポーツ振興、文化活動、教育や福祉への支援、環境保護など多岐にわたる。日本語の「ボランティア活動」の語感とは多少異なり、大型NPO機関の運営スタッフは、給与を得て仕事を行う職員である。また年金生活者が活躍できる社会の受け皿としても、重要な位置を占める。国民の3人に1人が、何らかのアソシアシオンに加入している。参加者たちは、「いずれは自分にも返って来るかもしれないサービス」を期待して活動しているわけではない。フランスには、社会的使命を担い広く全国スケールで社会福祉活動を行う大型NPOは数多いが、コミュニティにおける社会奉仕的な意味合いを持つ地域自治組織や、地域内扶助の機会でみられる相互支援活動は少ない[*24]。自分の時間を興味や関心の対象に費やして、地域とのかかわりやつながりを求める。共通のテーマに沿って、年齢、性別、職業を異にする住民たちが協働する集まりで、縦社会ではない。住所で参加先が決まる自治会や、年齢別で入会する老人会のようなコミュニティは市民にとって1つしかないが、複数の組織に同時参加できるNPOは重層化している。田舎暮らしには、都会のような選択肢はないが、地元のネットワークで様々な支援が得られやすい。最近日本では、「絆」「ふれあい」と表現されるが、戦後の日本人が逃れてきた農村コミュニティのしがらみはフランスには少ない。地元ネットワークとは、情報交換を目的とした、あるいは共通する趣味を通した交流と考えてよい。本書執筆時の2018年6月に、村役場の正面左の告知版に、日本映画「第三の殺人」の予告ポスターが貼ってあった。NPOの映画クラブが上映を企画している。こんなところにも、都会からの住民が村で余暇を企画していることが窺われる。

小さな村役場はどのように成長していくか

　新しい住民の村社会への同化を、村行政は全面的に支援している。移住者が最初に訪れるのは村役場なので、窓口対応を充実させ、新住民向けハンドブックも用意している[*25]。村長は1年に1回新住民を招待して、簡単

なおつまみと食前酒で歓迎会を行う。役職ごとにフルネームを記載した役所の組織表も公開している。小学校の給食担当や図書館員も地方公務員なので、職員数は65人。カドネ村の総務部長ジョレさん（写真11）は、ボルドー市出身で、長らくエクサンプロヴァンス広域自治体連合総務部で管理職であった。カドネ村は村行政を刷新する必要性を自覚して、総務部長職の求人を一般のリクルート会社に託した。幾人かの候補の中から選ばれたのがジョレさんで、出身母体の自治体連合から出向の形を取り、今カドネ村で3年目だ。組織の開放性と、人材の流動性には驚く。書類の共有や、業務プロセスの再構成、業務全般のデジタル化など、役場行政の近代化を任されており、あと2年間カドネ村で勤務を続けるそうだ。

　情報の透明化を徹底するために、村会議員たちが年2回広報誌を発行している。年間約7億8000万ユーロの村予算や決算報告、村の日常生活に関するあらゆる情報が満載だ。村役場には10人くらいの事務員しかおらず、広報誌作成まで手が回らない。広報誌には、次の選挙に備えて議員たちが実績を示す意図もあるが、掲載内容は客観的で政党ニュースは全くない。印刷代は役場持ちである。カドネ村規模の人口の自治体では、基本的に地方政治家の給与はゼロだ[*26]。ジョゼフさんをはじめ、助役たちは無償で広報誌の執筆と作成を受け持っている。

ネオルーラルと旧住民が混在する新しい社会現象

　カドネ村は450人の子どもが学校に通う若い人口構成になり、村は発展した。生活様式が異なる住民がお互いに寄り添い、少しずつ新しい村の姿に近づいてきているともいえる。カドネ村には、この村の規模では珍しく大きな文化ホールがある。役場文化部の若いスタッフ・テキシエさん（写真11）によると、「旧来の村人たちとネオルーラルが余暇で求めるものには大きな差がある。芝居は、余り前衛的でない限りは多くの人に楽しんでもらえるし、音楽も最近はラテンミュージックやスイング系のコンサートには、老若男女の参加が多い。だが、最大多数の村民の期待に応えるような

文化活動の実施は難しい」。村出身でないテキシエさんに、村で仕事をしている理由を聞いてみた。フランスでは 2018 年、15 歳から 24 歳までの若年層の失業率が 20.1％と高く、就職しても期限付き雇用が多く、正規雇用契約にすぐたどりつけるわけではない。自分の出身地や住みたい希望の都市部だけに固執せず、仕事の供給地に移動しなければならない。20 代の若者たちは仕事は村でも、夜は外出しやすい都会に住むケースが多い。結婚して仕事も落ち着く 30 から 40 歳の年代の人たちが、都市部からカドネ村のような農村部に移動してくる。

共同体としての共有の記憶、共同体への帰属意識は、村では変わってきているはずだ。現在カドネ村で起こっている新旧住民の混在は、実は南フランス全体で広く見られる現象だ[*27]。過去 10 年間で、自治体数 963、人口 500 万人のプロヴァンス・アルプス・コートダジュール州全体において、かつては村であった 87 の村落自治体が都市化し、村落部全体の人口が 18％増えた。特にマルセイユ、エクサンプロヴァンスを核とする一帯（図 1）は、周辺人口が 190 万人に膨張した。50 分間の通勤圏が、大都会のベッドタウン地域と本来の村落地帯との境界線といわれている。カドネ村の位置は、まさにその境界線の上にある。

ネオルーラルが増えた南フランスでは、2014 年の選挙で右翼政党「国民連合」への投票率が伸び、村落によっては 50％を超えた。従来は村落の地主たちで構成されていた村議会の議員構成が変化してきた。都会から来たネオルーラルたちが少しずつ土地を購入、地域の NPO を通じて地元に根付き初め、その中には村議会に参画する者も出てきた。女性が多くなり、年代が若くなってきた。この新旧住民の対立が、緊張と不安を生み出すこともある。「土地を手放した村の地主たちの、ネオルーラルに対する不安感が、右翼に投票させた」という解釈もある[*28]。それは、右翼政党以外に、不満を持つ旧来の住民を吸収する政党がなかったからだ。彼らは必ずしも右翼に賛同しているわけではない。外国からの移民層はすでに 3 代目に入って村社会に同化しており、既存の権力構造への脅威とはみなされていな

い。村落部では農業生産活動地域と、ネオルーラルの定着が進む住宅地域が混在する。ネオルーラルが村に移住することで、サービス産業や消費が活性化される。南フランスの伝統的農業であるブドウ栽培では、環境保全を重視するネオルーラルが反対する化学肥料がまだ多く土壌に施されている。ブドウ栽培では有機栽培は少数派だ。農業従事者にとっては土地は「クリエーション（価値を生み出す）」の場だが、都会からの住民にとっては土地は「生活する場であり、同時にリクリエーション（楽しみを供給する）」の場である。土地に対する見方やその扱いの相違から、ある種の軋轢が生じることも想像できる。ネオルーラルが土地に関心をもち、それが農業従事者たちの土壌処理に対する考え方を変えてきたともいえるが、農民の環境に対する意識の変革は、地域と個人によって大いに異なる。

　こういった地方政治や土地を巡る新旧村人の間の緊張した人間関係の鎮静化には一世代かかるだろう。ネオルーラルの移住の結果、農村地帯である種のブルジョア化が進んでいると言ってもよい。カドネ村の位置するリュベロンの里山一帯は、州政府が管理する地域自然公園に指定された。ブランド化を通して、土地で出来るワインや地域全体のイメージが向上したために、地元の資産価値が上がった。その結果プロヴァンス地方でも、別荘地化が進んだブルターニュ地方の塩田地域と共通した現象がみられる[*29]。地元の人が生まれ育った場所で住み続けることが困難になるくらい、地価が上がってきた。栄える村落の反作用は、思わぬ結果を旧村民にもたらす。

村の将来への展望

　NOTRe法[*30]に準じて、カドネ村は16の村落が構成する南リュベロン村落共同体[*31]の一員となった。カドネ村長は41人の共同体議会の議員の1人でもある（写真12）。各村落は、帰属先の村落共同体を選択できる。カドネ村は、同類の山間部の小規模な村落が集まる共同体を選択した。車で10分の隣村、観光地ルールマランは、著名な観光地であるゴルドやカバイヨ

写真12　村落共同体の議会。後ろに座っているのはオブザーバー（提供：Mairie de Cadenet）

ンが参画する共同体を選んだ*32。自分たちの村のイメージを自覚して、行政業務を共有する共同体を選んでいる。ただし、余り地理的に整合性のない共同体への帰属は、地方において国を代表する知事の許可が下りない。村会議員たちにとってのカドネ村の緊喫の課題は、村中心部の小売商業店舗の存続だ。郊外の新しいスーパーマーケット建設には、村議会は建築許可を発行しなかった。店舗経営者交代の折には、行政が営業権をチェックできる権限を利用して*33、アパートなどへの転用を禁止して店舗数の減少を防いでいる。土地所有者は自治体の許可なしでは、自由に土地や建物の売買、賃貸ができない。村の南区に旧ワインセラーを改築したマンションが建築中で、その階下には店舗が入る。「村の中心部にはない種類の店舗の出店だけを認めた」と村議は語るが、それでも買い物客が中心部とこの南地区に分散されてしまうことを案じていた。小規模自治体の中心街活性化については、次の第6章でも触れたい。

カドネ村の将来の展望は、「人口を5000人以上には増やさず、小規模集落の良さを残し、人間らしいサイズの村で残りたい」ことだそうだ。それは議員たちの願いか、住民の願いかと聞くと、「議員たちの願いだが、議員は村民から選ばれているので、村民たちの願いでもある」という返事だ。フランスでは自治体が人口5000人を超えると、新たな学校施設の建設や給食の導入、浄水場や道路網の見直しなど、村に経済的負担がかかる業務の施行が、法律で義務付けられている。そして、「隣村のルールマラン村[*34]のように夏は人口が多いが、冬にはお店も閉まってしまう村には決してなりたくない」と、力を込めた答えが村会議員たちから返ってきた。カドネ村から車で10分のルールマラン村は大変美しい村だ。カドネ村と、どこが異なるのだろうか？

5｜隣村・ルールマラン村に見る抑制的な土地利用と公共空間魅力化による「アートの村」づくり

　ルールマラン村（写真13）は、カドネ村から車で10分の距離にある。『異邦人』の作家、アルベール・カミュの別荘地でもあり、お墓も残されている。第二次世界大戦後ルールマラン村の人口は約600人だったが、80年代から少しずつ増えて2015年には1142人を記録している。ルールマラン村議会の議員たちは、早くから村にカミュが眠っている事実を軸にして、「文化と芸術・アートの村」として自治体を位置付けてきた。村の土地利用計画POS[*35]で、村の領域での新規住宅の建設を禁じ、村の構造が周辺の農村部に拡大することを避けてきた。新住民を積極的に受け入れたカドネとは対照的である。旧市街の周辺に整備されたパーキング場での駐車を義務付け、村の中心部の路地では、クルマを完全に遮断している。歩行車専用空間の古い街並みには約70軒の店舗があり、観光客向けのレストランとカフェ、絵画や彫刻を展示するギャラリー、服飾品店が並んでいる。ショップ経営者たちには、一目で村人ではないと分かる個性的な身なりの人が

写真 13　ルールマランの村人と観光客たち

多く、南フランスの村に都会の一角を植え付けたようだ。

158 の「フランスの最も美しい村」と郷土愛

　ルールマラン村は、「フランスの最も美しい村」の1つだ。歴史遺産がある村落の観光振興を目的として、NPO「フランスの最も美しい村」[*36]が1982年に設立され、現在では158の自治体が加盟している。1978年に『フランスの最も美しい村』のタイトルで大判写真集が、リーダーズダイジェスト社から刊行された。コローニュ・シュール・ルージュ村[*37]の写真が大きく載った表紙を、村長[*37]が偶然に本屋のショーウィンドウで1981年に見かけた。村長が、本に写真が掲載されている100の村落の首長に呼びかけて、村落の観光推進のための「美しい村連合」結成を提案したところ、66村が参加した。小さな村が全国に向けて発信するイニシアティブも素晴らしい。まだインターネットでコンタクトが取れなかった時代の話だ。

メンバーになるには、村が美しいだけでなく、少なくとも歴史遺産が2ヶ所あり、人口2000人以下の村落であることが条件だ。美しい景観を形成、保全する努力に、村民のコンセンサスが得られていることを前提とするために、NPOメンバー申請には、村議会の承認が必要だ。村独自の「観光村としての付加価値向上とコミュニケーションのプログラム」も求められる。立候補村の5分の1だけに加盟が認められる、狭き門だ。いったん認定を得れば、村の知名度が上がり観光客の増加が期待できる。

　200万人以上の視聴者がいるテレビ番組「フランス人が好きな村」も、2012年から毎年夏に放映されている。13の各州を代表する予選で選抜された村落から、視聴者たちがネットやスマホなどを通じて人気投票を行う。ライブで候補村を中継し、人気投票順位発表の瞬間には村落の中心広場で住民や観光客が集まり盛り上がる。こういった「フランスの最も美しい村」認定やテレビ番組を通じて感じるのは、小さな村に人々が愛着を抱き、誇りを持っている事実である。田舎にある小さな「美しい村」が持つ、社会的意義を備えた大切な概念を、村落民と国民が理解している。

農村観光のあり方

　フランスの海や山がない田舎の観光村落にはいくつかのタイプがある。1つ目は歴史・文化遺産を中心テーマとして、村のアイデンティを形成する「美しい村」。ルールマラン村の15世紀建造のお城（写真14）には、年間約4万人の訪問があり、3分の2が外国人だ。1年を通じてクラシック音楽のコンサートや芝居を上演し、夏には2000人規模のロックコンサートも開催する。カミュの文学散歩を観光客に提案して、アート村のイメージを作ってきた。2つ目は、キャンプ場が川辺にあるカドネ村のように、大型キャンプ場や数多くの民宿など宿泊施設を供給する村落。田舎を訪れる観光客は1ヶ所に最低1週間留まる場合が多いので、滞在村を拠点にして地域をまわる。3つ目は、多くの散歩道やGR[38]と呼ばれる標識付き自然道の拠点となり、自然環境に恵まれた村落。バカンス観光客は、GRが明

写真14　ロックコンサートの準備が進むルールマラン城 (2018年6月撮影)

記された地図で安全かつ自由に森や山の中を歩くことができる。火山地帯に散歩道があるオーベルニュ山塊のポンジボー村（第3章）は、このカテゴリーだ。国内ではGRで表記された自然道は合計6万kmに及び、1時間から何週間にもわたるハイキングコースの分かりやすい標識が建てられている。行程では当然多くの村落地帯を通過する。

どんな小さな村にもある「マルシェ」のしくみ

　ハイパーマーケットなどの流通機構がこれだけ発達した国で、フランス人は都会に住んでいてもマルシェを利用する。消費者の30％が1週間に一度はマルシェに行く。仮設の青空市場が市民生活の中に根付いている。村落の朝市も、観光客の集客に大きく貢献している。地方のマルシェには生産者の直売が多いから、冬にトマトはないし夏にネギはない。本当に四季を感じることができる。バカンス滞在地における朝のマルシェでの買い物

は、「地産地消」などと特に意識せずとも、観光客には単純に大きな喜びを感じさせるイベントの1つだ。生産者である土地の人と話しながら、地元特産物の買い出しのあとは調理で、ゆっくりと家族や友人たちとテーブルを囲むことも、バカンスのシーンに組み込まれている。日本のマルシェでは野菜類を可愛らしくまとめてビニールの袋に入れているケースが多いが、フランスでは土がついたまま、販売台に野菜、果物を山積みにしている。法律で、マルシェでも一切ビニールの利用が認められなくなった[*39]。店は紙袋を用意しているが、客も紙袋を自分で持参するか、薄布で作った小さな袋をいくつも籠に用意している人も見られる。ビニール袋がなかった時代は、網目の麻袋で朝市に来ていたフランスだからこその適応力だろうか。フランス人が一切ビニール袋を使用しない日常的な光景は、日本の過剰包装と対照的で、環境問題に対する意識の高さを感じさせる。マルシェは村の中心広場で開かれ、役場の空間整備課が管理している。マルシェの出店者は自治体に利用場所の登録料を納める義務があり、その代わりに広場の水や電気を利用できる[*40]。

　パリでは毎年2月に「パリ農業国際展示会」[*41]が、農業省も関与して1週間開催される。10ha以上の広大な展示場には、農業、酪農、ガストロノミー、農業ビジネスの4つのテーマに従って、地域特産物コーナーから本物の牛や豚の品評会まで、2016年には1200の農業従事者の出店があった。農業関係者だけでなく子連れ家族が多く来場し、子ども対象の啓蒙プログラムも満載で、延べ60万人（2016年）が入場する毎年人気の国家的なイベントだ。展示会開催式の主賓である大統領の会場での行動、農業に関する発言は必ずメディアでも報道される。一般消費者を視野に入れて、パリ住民たちがアクセスしやすい場所、学校が休みになる2月初旬の期間に安い入場料で開催する。都会の住民が農業を身近に感じることができる場所であり、こういった機会や農村民宿などを経て、子どもたちは農業や田舎に親近感を持ってゆく。フランスでは、都市住民にとっても農業は決して遠い存在ではない。東京都心の至るところで開かれる朝市や、馬や牛、豚

写真15　村のお洒落な広場にあるカフェ（正面の建物は観光案内所）

が会場にいる展示会を想像するのは、難しいのではないだろうか。

村が管理する公共広場と道路空間

　マルシェで買い物が終わったあとは、オープンカフェ（写真15）でおしゃべりが定番だ。夏場は村の広場空間や歩道の一部をテラスにして、カフェやレストランの椅子が並ぶ。フランスでは公共空間の管理は自治体に任されている。地方自治体総合法典[*42]で、イベント、カフェ、朝市など公共空間を対象にした利用権と使用料金の設定は、地方自治体の権限と定めている。警察は安全対策の点から取り締まるが、首長が道路や都市空間の利用を決定する。公共空間の利用権は、地面と地上に分かれている。地面の利用は公用地使用権で、舗道空間では道路とテラス店先まで最低1.4mの歩行者空間を残すなど細かい規定がある。道路に置かれているレストランのメニューを記載した黒板なども、公用地の地面を占拠するので許可を取

第5章　移住者の「生き方」を支援するカドネ村の戦略　｜　131

得しなければならない。広告パネルやオブジェの設置には、地上空間を占める道路空間利用権が発生する。自治体行政の「公共空間管理課」や「緑地課」などが、村の広場、公園、舗道スペースの利用管理や、将来の土地整備の構想を担当している。

　田舎でドライブしていると、突然、村人が出てきて、「今日は自転車競走があるので、AからB地点まで県道は利用不可で、村道を迂回してください」などと言われるケースに遭遇する。フランスの交通量の66％が、高速道路と国道以外で発生する。高速道路以外の道路の管轄権は地方自治体、あるいは広域自治体連合に属するので、自治体で道路や公共空間を自由に再配分して使いこなすことができる。イベントの場合は、企画者が自治体に道路迂回や道路空間使用の許可を申請する。引っ越し作業で、道路上のスペースを長時間トラックなどで占拠する場合にも、あらかじめ自治体に届け出が必要だ。

　このように、小さな行政組織が直接的、日常的に土地や道路の利用に関わるので、村に賑わいをもたらすイベントも企画しやすい。道路や都市空間の管理だけでなく、村落の発展計画そのものが自治体で決定、遂行されている。ルールマラン村の抑制された土地開発計画に基づく観光政策と、カドネ村の移住促進による村の発展政策は対照的ではあるが、村落による主体的な自治体マネジメントの良い事例である。最小の行政単位である村で、整合性を持った観光政策や開発整備企画が可能になる実態を見た。

カドネ村　基礎データ（2015 年）

		カドネ村	南リュベロン村落共同体 16 の村で構成
人口	人口	4154 人	2 万 4557 人
	人口密度（1 km² 当たり）	165.6 人	67.3 人
	面積	25.1 km²	364.9 km²
	2010 年から 2015 年までの人口	＋0.3 %	＋0.9 %
	そのうち自然人口推移	−0.1 %	＋0.2 %
	そのうち移入・移出人口推移	＋0.4 %	＋0.7 %
	世帯数	1800	1 万 388
	出生数（2017 年）	30 人	217 人
	死亡数（2017 年）	43 人	225 人
住宅	住宅数	2204 戸	1 万 2992 戸
	本宅としての利用率 （別荘ではなく、1 年を通して住居）	81.7 %	80 %
	別荘としての利用率	6.6 %	12 %
	空き家率	11.8 %	8.1 %
	持ち家率	62.2 %	67.9 %
所得	世帯数	1768 戸	7426 戸
	消費単位当たりの年間可処分所得の中央値	1 万 9822 ユーロ	2 万 1614 ユーロ
	課税対象世帯割合	50.8 %	57.5 %
雇用	雇用数（給与所得者・自由業など形態を問わず）	1109 人	5009 人
	そのうち給与所得者の割合	73.9 %	67.9 %
	雇用率変化（2010 年から 2015 年）	1.5 %	9 %
	失業率（15 歳から 64 歳対象）	14.10 %	12.10 %
産業	事業所数　2015 年 12 月	551	2071
	そのうち農業	6.7 %	15.3 %
	そのうち工業	6.9 %	5.6 %
	そのうち建設業	13.8 %	15.3 %
	そのうち商業、交通、サービス業	59.3 %	51.4 %
	そのうち行政、教育、社会福祉機関	13.2 %	12.5 %
	そのうち従業員 0（自由業・自営業）	435	1694（81 %）
	そのうち従業員 1〜9 人	100	324
	そのうち従業員 10〜19 人	10	31
	そのうち従業員 20〜49 人	3	17
	そのうち従業員 50 人以上	3	5（0.2 %）

（出処：INSEE のデータを元に筆者が再構成）

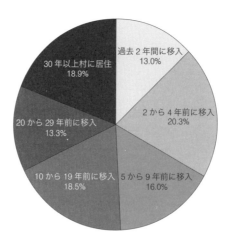

村住民の49.3%は、この過去10年間にカドネに移住してきた
（出典：INSEE　2015年）

注

＊1　Peter Mayle：『南仏プロヴァンスの12か月』（原著《A Year in Provence》：1989年）マルセイユを中心とした地中海沿岸及び内陸部をプロヴァンスと呼んだが、現在は2016年の行政区分再編成を経て、プロヴァンス地方とは、「プロヴァンス・アルプス・コートダジュール州」を指し、マルセイユ市からイタリア国境のアルプス地方までを含む。

＊2　Menerbes

＊3　Cadenet：行政的には、カドネ村は、プロヴァンス・アルプス・コートダジュール州、ヴォクリューズ県に位置する。

＊4　Jean Pierre Le Goff：《La fin du village-une histoire française》『プロヴァンスの村の終焉』伊藤直 訳、青灯社

＊5　Durance：ローヌ川の支流でフランス南東部を流れる。

＊6　2001年からフェルナンド・ペレーズ（Fernand PEREZ）氏が村長を務める。

＊7　エクサンプロヴァンス（Aix en Provence）まで32km、アヴィニョン（Avignon）まで70km、マルセイユ（Marseille）まで64km。特に、エクサンプロヴァンスは風光明媚な小都市で、フランス人に人気があるが、不動産が高価なことで有名。

＊8　Pertuis：フランスは中学校までは自治体の管轄、高校は県の管轄、大学は国。

＊9　https://www.magasins-u.com/hyperu-pertuis　ドライブインサービスは、インターネットであらかじめ注文した買い物を、クルマでスーパーマーケットで受け取るシステム。

＊10　INSEE 2012：https://www.insee.fr/fr/statistiques/1281066　25歳から49歳までの女性対象。対象年齢を15歳から64歳までにすると20％。ただしこの数字には、就労を望むが仕事がない長期失業者も含む。

＊11　Centre de Loisir：直訳は「余暇センター」だが、日本での学童保育の機能を持つので、学童保育クラスと訳す。日本のように、厚生省管轄の保育園と文部省管轄の幼稚園が年齢的に重ならず、3歳児は全員が幼稚園だ。

＊12　https://www.conseil-national.medecin.fr/node/1607　全国医師会の発表

＊13　Le rapport rédigé par Me Kami Haeri à l'encontre du Ministre de la justice 2017年2月

＊14　INSEE：https://www.insee.fr/fr/statistiques/2381394

＊15　PACS：Le pacte civil de solidarité　民事連帯契約

＊16　フランスの国立大学には入学試験がなく、高校卒業後、地元の大学に入学できる。ただし、人気のある大学や医学部入学には、書類選考などの選抜試験がある。国立大学は進級試験が厳しく、新入生の約3人に1人しか卒業まで至らない。一方、大学校（グランゼコール・Grands Ecoles）に進学するには、特別な準備クラス（Classe préparatoire）で2年間学び、選抜試験に臨む。国防省が管轄する理科工科大学のように、文部省ではなく中央官庁の省庁が直接管理するエリート養成校だ。

＊17　Philippe DELIAU：景観デザイン設計事務所ALEP社の社長
　　　ALEP社サイト：www.alep.paysage.com

＊18　フランスの合意形成については『フランスの地方都市にはなぜシャッター通りがないのか』第6章「社会で合意したことを実現する政治」を参照

＊19　Carine et Roland COUPAT

＊20　Parc naturel régional du Luberon：リュベロン地域圏自然公園。フランスには州政府が管理する地域圏自然公園が50、国が管理する国立公園が17ある。

＊21　http://oenologie.edu.umontpellier.fr/oleologie/　200時間の授業の1年コース

＊22　Bastide du Laval 社サイト：https://www.bastidedulaval.com/fr/

＊23　フランスでは普通、学校は講堂、競技場、プールなどを保有しないので、公共施設ま

- *24　Loi du 1er juillet 1901 relative au contrat d'association：フランスには、ホームレスに食事を提供するなど、社会福祉活動を実施する大型アソシエーションも多い。本章では、新旧住民の出会いの場となるアソシエーションを説明している。半強制的に参加する地域自治組織ではなく、理念を共有する者たちの自発的な参加と活動である。
- *25　http://www.mairie-cadenet.fr/
- *26　移動手当などを含めて、村長には1500ユーロ、首長が議員の中から選ぶ助役（副村長）には749ユーロ支給されるが、村議会議員は手当も給与もゼロである。
- *27　Atlas social de PACA
- *28　社会学者Mathieu LEBORGNE氏の見解（南フランス特にカドネ村の新旧住民の、社会における統合と整合性についての研究を行う）。国民連合の2014年選挙時の旧党名は「国民戦線」。反EU、移民排斥を掲げている。
- *29　第4章96〜97頁参照。村落共同体に多くの業務が移譲されたこと、国からの交付金が2011年に比較して23％減少、2020年から村落財政歳入の平均34％を占める住民税が廃止されることなどの理由で、小規模村落の村長の辞任が発生している。2020年の選挙までは筆頭副村長が兼任する。村長立候補者がいない場合は、近隣の村落に合併される。
- *30　第3章17頁と*8参照
- *31　南リュベロン村落共同体：La communauté territoriale du Sud Luberon (COTELUB)：人口2万3000人、面積365.85km^2
- *32　Lourmarin, Gordes, Cavaillon
- *33　『フランスの地方都市にはなぜシャッター通りがないのか』117頁参照。フランスには、自治体が店舗の営業権を拒否して、店舗の利用目的変更を阻止できるしくみがある。（Refus de changement de destination）
- *34　Lourmarin
- *35　Plan d'Occupation de Sol：現在の都市計画PLUiの前身。第2章32頁参照
- *36　Association les plus beaux villages de France
- *37　Collonges-la-Rouge：フランスの内陸部の中央高地コレーズ（Corrèze）県にある。1980年代当初では、現在ほど農村観光が一般的ではなく、コレーズ県に観光客が訪れることは稀であった。当時の村長が Charles CEYRAC氏。
- *38　GR：Les sentiers de grande randonnée　直訳は「大規模散策小道」。基本的にクルマが通行できない道が多いので、小道と称されている。ハイキング道フランス連合（Fédération française de la randonnée pédestre）が、共通標識を小道脇の樹の幹などに設置する。
- *39　本書第1章25頁参照
- *40　『フランスの地方都市にはなぜシャッター通りがないのか』126頁参照
- *41　https://www.salon-agriculture.com/　2018年度は第55回目であった。入場料は大人14ユーロ、子ども7ユーロ
- *42　CGCT：Code Général des Collectivités Territoriales　地方自治体総合法典

第6章
コミュニティを支える最低限の機能を確保する中心市街地政策

ビアリッツではBRT導入に伴う公共空間の再編成が進む（出典：www.trambus-pysbasque.fr）

1｜人口10万人以下の自治体の明暗

空き店舗が少ない地方都市の中心市街地

　中心街が活性化している人口30万人前後の自治体（リヨン、ストラスブール、ナント、ボルドーなど）では、郊外での大型小売店舗の展開が始まる同じ時期から、中心街にショッピングセンターを導入し、デパートのギャラリーラファイエット、大型書店兼電子機器販売店のフナック[*1]を誘致してきた。これらの都市では商店街の売り上げや雇用率はともに上昇しているが、全く問題がないわけではない。ボルドーやリヨンなどのメインストリートでは、1m²当たりの家賃（年間）が3000ユーロを超える地所も出現した[*2]。その結果、全国展開のファッション、カフェ・レストラン、美容・健康関連ショップ、旅行代理店、文化・娯楽関連の似通った店舗構成になる傾向がある。地元の食料品店などが、住民の近隣商店として中心

街で存続できるかは、これからの課題だ。

　人口 15 万人前後の規模の自治体で空き店舗率が低い都市は、アンジェ、ルアーブル、ランス、オルレアン*3 をはじめいくつかある。大型小売店舗進出を規制するロワイエ法を 1973 年に立案したジョン・ロワイエ*4 氏が、1959 年から 1995 年まで市長を務めた人口 14 万人のツール*5 も空き店舗率が 6％ だ。市長は街の中心にショッピングモールを早くから誘致し、今日の繁栄の土台を築き、現在中心街には 700 の店舗がある。卓越した政治家の存在が、自治体の方向性を成長に向かわせた好事例だ。ツールはロワール川のお城巡りのスタートラインで観光客が多く、またパリから 132km に位置し首都まで TGV で通勤する住民も増えるなど、立地的に恵まれた条件だ。「2013 年の黒と銀色の美しいスタイリッシュな LRT 導入に伴い、中心地の景観が刷新され、住民の足をさらに街中へと導いた」と土地整備庁のジェローム・バラティエ*6 代表は語る。フランスではアップルストアやネスレショップと同じように大都市をイメージづけるスターバックスも、2016 年に同市に進出した。元気な中心街は、自治体の経済状況のバロメーターといえる。

人口が 10 万人以下の「シャッター通りがない町」

　2012 年、フランスの空き店舗率は全国平均で 7.2％ だったが、2017 年には 11.1％ に増加した*7（図 1）。人口が 40 万人以上の経済圏の中心都市では、空き店舗率は平均 8.7％ だ。人口が 20 万人くらいの経済圏の中心自治体（人口 10 万人以下）の 90％ では、空き店舗率が年々増加し平均は 12.2％ になる。さらに人口が少ない自治体の空き店舗率は、10％ 前後だ。フランスでは 10％ を超えると危機感を持って問題視される。しかし人口 10 万人以下でも、空き店舗が少ない自治体もある。何が町の明暗を分けたのだろうか？　本章ではまず空き店舗率の低い自治体のあり方をみてから、空き店舗率が高い自治体の市街地活性化の努力を紹介したい。

　人口 10 万人以下の町では、全国展開の名前が知れた店舗の進出は少な

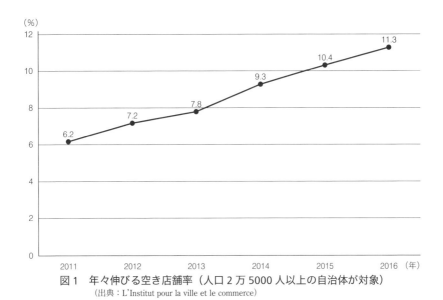

図1　年々伸びる空き店舗率（人口2万5000人以上の自治体が対象）
（出典：L'Institut pour la ville et le commerce）

く、フランスで「Commerce de bouche（口の商売）」と呼ばれる食料品店の存在感が大きい。人口10万人以下の町の中でも空き店舗率が低い（2015年に6%）人口7万人のコルマール[*8]には、全国チェーン店が少なく、550軒の店舗のうち個人経営の独立系店舗が70%を占める。個性的な店舗が多いので、ショッピングが大変楽しい。人口10万人規模の町の平均店舗数は450なので、いかにこの町の店舗数が多いか分かる。コルマールはオラン県[*8]の県庁で、年間350万人が訪問する著名な祭壇画がある修道院[*9]や数多い歴史的建造物の存在も、街中に人が多い理由の1つだ。郊外にはハイパーマーケットを含むショッピングモールが2ヶ所あるが、それぞれ店舗数が20と40なので、市街地の商店街の多様性とは競合にならない。全国展開の店舗と地元の地産地消型の質の高い食料品店とのバランスの良さ、郊外店舗の抑制された展開、文化と行政の中心地としての存在感などが、少ない人口ながらも商店街の好成績を裏付けた。

次に人口5万以下の町の中では、極めて空き店舗が少ないビアリッツ[*10]のタウンマネジメントを紹介する。

2 ｜ 空き店舗率1.7％のビアリッツ（人口2万5000人）に見る、街に人を呼ぶモビリティ政策

町長自らが陣頭指揮する冬場の観光客誘致政策

　ビアリッツ（図2）はフランスでも屈指のリゾート地である。12世紀から捕鯨を生業とする小さな漁村であったが、1854年にナポレオン3世の妃が別荘（現在は最高級ランクのパレスホテル）（写真1）[11]を建てて脚光を浴び、イギリス王家が定期的に休暇に訪れた。人口2万5000人の小さな自治体だが、近隣の158村落と人口30万人のバスク集落共同体[12]を形成している。ビアリッツからスペインとの国境を越えて、ガストロノミーで著名なサン・セバスティアンまで55kmしかない[13]。ピレネー山脈をはさんでフランスとスペイン一帯の21km²はバスク地方と呼ばれ[14]、約300万人が住む。66万人が理解できるという地方言語バスク語が継承され、食文化にも地方色が強い。郷土愛がひときわ強く、海と山のともに素晴らしい自然風土や景観を堪能できる住民は、地元に誇りを持っている。

　「素晴らしい海岸線」「比較的購買能力の高い年金生活者の存在」「消費者を惹きつける魅力的な店舗が街中に多い」などが、商業繁栄の理由として挙げられる。海辺に面した数々の広場から、海岸線に沿った商店街に自然にたどり着く回遊道路が多い。街中には大木の木陰で自由に座れる快適な場所が多く、散歩がしやすい（写真2）。店舗が並ぶ道路にも歩行者専用空間を広く確保している。人出が多い商店街の道路は夏場は完全に歩行者専用になり、冬はクルマ用に1車線だけ認める（写真3）。都市空間でクルマとヒトとの配分が上手く行われている街中は、人を呼ぶ。4つの最高級ランク5つ星ホテル、11の4つ星ホテルを含み、町には55のホテル（ベッド数3500）があり、町の就労者の75％はサービス産業で働く。宿泊施設に宿泊者が支払う「宿泊税」は、自治体の直接歳入になる。市の全体予算6900万ユーロに対して、2017年度のビアリッツに納入された宿泊税は155万ユーロにもなった[15]。元観光政策担当だった副町長が、2014年に首長[16]

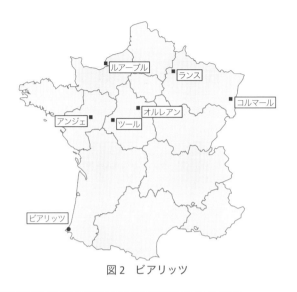

図2　ビアリッツ

写真1　パレスホテルは海水浴場となる浜辺の中心に位置する

写真2　木陰に座れる広場が多い街中

写真3 両横の歩道幅の方が中央の車道幅より広い。中央の自動車道路は7月と8月は歩行者専用空間になる

写真4 クルマを排除した朝市周辺道路と開発整備課長のシャボーさん（提供：Ms Chabault）

に選ばれ、ブランド「バスクの国の入り口・ビアリッツ」[*17]を立ち上げ、町の宿泊施設をアピールしている。公営の観光案内所[*18]が中心になり、企業研修や会議開催を対象とした冬のビジネス観光も開発した結果、1年中まちが賑わっている。1990年代には冬場はカジノやレストランや宿泊施設は閉店していたが、現在では大半が冬でも営業しており、1年を通して文化的な催しものがあり、コンサートやお芝居が行われる。泳げなくても、海辺の散策やゴルフなどレジャーの選択肢も豊富になったので、ビジネス滞在を週末に引き伸ばす客層が増えた。中心市街地には500軒ほどの店舗があり、同じ人口規模の自治体の平均店舗数より20％多い。世界中から来るセレブ対象のブランドショップ、フランスのバカンス客対象の全国展開の人気店、地元の個性的なセレクトショップの均衡が上手く取れている。特にビアリッツの特徴は、独立系の店舗が75％を占めることだ。マーケティング、在庫管理、購買などで全国展開ショップのノウハウには劣るかもしれないが、顧客へのきめ細かい対応が固定客を掴む。ビアリッツはフランスで初めてサーフィンが導入された浜辺で、2016年には「世界サーフィン大会」が開催された。

　自然条件、歴史遺産に恵まれる自治体だが、既存の条件に安住したままでは、空き店舗率1.7％という快挙は成し遂げられない。自治体の開発整備課長で土木技師であるシャボーさん（写真4）と、経済・商業課のラアラーグさん[*19]にお話を聞いた。2人はともに役場勤務が15年目だが、シャボーさんもラアラーグさんも、ビアリッツの生活環境に惹かれて移住してきた。役場には450人の職員がいるが、他のフランスの自治体と同じように、高齢者の家庭に派遣される生活支援要員なども含んでいる。自治体が管轄する海辺を含む公共空間の清掃スタッフ20名や、4月から10月まで遊泳が許可される浜辺に配置する60名の安全スタッフも自治体が直接雇用する。

自治体が管理する公共空間としての海辺

　フランスには海岸線を守るために厳しい法律がいくつかあり、満潮時のラインから100m外側まで、新規建築物は一切禁止されている。浜辺は公共空間で、サーフィンやヨットスクールも自治体に事業許認可を申請する。常設のカフェなどの飲食店、アイスクリームの移動販売員も自治体に営業許可を申請して営業料金を自治体に支払う。飲食店の営業時間まで決められている。街中の広場と同様に、海辺も公共空間として完全に自治体行政が管理している。自治体にとっての懸案事項は、海水の品質管理である。国の基準だけでなく、自治体独自で、風・干潮に伴う細菌検査、海水に浮遊する汚染物の処理なども行う。災害対策としては、大西洋岸の不天候状況の探知システムMAREA[*20]を利用している。日本のような津波対策の避難訓練は行っていないが、悪天候の際には、自治体が浜辺の飲食店やサーフィンスクールの休業を指示する。浜辺の砂の保護作業も自治体の管轄だ。

商店街への車のアクセスを守り、歩行者にも優しいきめ細かい駐車対策

　街の中心を占めるカジノ前広場は路上駐車場だったが、2006年の地下駐車場整備後、歩行者専用空間に転用された。年間売り上げの3分の2を4月から10月までに達成する観光地なので、増え続けるクルマの渋滞を解決する必要があった。市街地に8ヶ所ある駐車場のうち、7ヶ所の有料地下駐車場に2125台分のスペースがある（図3）。郊外には629台の無料駐車場を設け、街中へ無料のミニバス（写真5）を15分ごとに運行させている。

　路上駐車スペースは合計1800台分あり、ゾーンごとに細かく駐車時間が決められている。町の中心地を占める屋根付き建屋のフードホールには40の流通業者の店舗が入り、毎日営業している。路上では土曜日に25名の生産者が直売マルシェを開いている。土曜日以外は、クリエーターのマルシェが7月、8月に毎日開催され、食料品以外の製品を販売している。ホールやマルシェ周辺には、68台の路上駐車スペースがあるが、9時から2

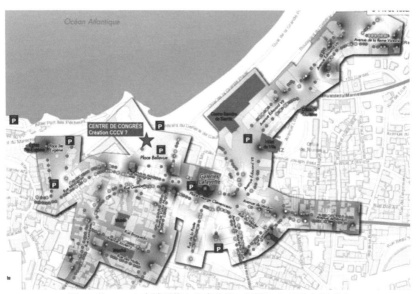

図3　約450の店舗が集まる商店街の要所にある駐車場（P）
（出典：retraitement de Codata 2014：Rapport IGF juillet 2016）

写真5　ビアリッツの電動自転車（上）と無料の市内巡回ミニバス

時までは 2 時間 30 分、2 時以降は 5 時間 30 分に駐車時間を制限している。マルシェ付近の 2 時間の駐車料金は 1.5 ユーロだが、2 時間 30 分停めると 10 ユーロにはねあがる。中心街のショッピングストリートには、377 台分の路上駐車スペースがあり、最長 5 時間 30 分まで駐車可能だが駐車料金は 30 ユーロだ。高めの料金設定で、長時間の路上駐車利用者を少なくして、できるだけクルマが路上に終日駐車されることを避ける。中心街に住む市民は、1 ヶ月 30 ユーロのパスで時間規制なしに駐車が可能だ。身障者が利用する乗用車は駐車無料。電気自動車は 2 時間までの駐車なら無料だ。店舗経営者や一般家庭を訪問する医者や巡回看護師にも、条件付きだが無料の路上駐車が認められている。町内の道路利用の現況を調べ上げて、商店経営者、居住者、中心街を不定期に訪れる人などのすべての事情を考慮して、駐車料金と駐車時間を工夫した非常に細かい駐車対策を練っている。目的は、街中を回遊するクルマの数を減らし、クルマに煩わされず街中を散歩しやすい環境をつくることだ。街中のモビリティの賢いコントロールが、市街地の賑わいに結びついている。この細かい駐車料金設定は、自治体が実験的に 2018 年の 1 月から始めた。住民には、これからも合意形成を続けながら、料金設定政策の変更が可能であることを周知しており、商店街の反応や評価の聞き取り作業にもこの秋から取り掛かる。「自治体公益活動近代化法」[*21]で、2018 年から駐車違反金を自治体が直接徴収できるようになった。小さな自治体が、新しい法律を早速適用し、駐車体系を自由に設定し罰金も高額に設定している。

　町の公共交通は、片道 1 ユーロで頻繁に走る路線バスだ。2019 年には連節電気バス BRT「トラムバス」の運行も始まる。人口約 30 万人のバスク集落共同体（[*12]参照）がモビリティ政策の主体で、ビアリッツと近辺の自治体間の 25km をつなぐ（図 4）。町の中心街では完全専用レーンエリアは少ないが、バスには優先信号が適用される。中心地を出るとバス専用レーンを走る。大気汚染減少を目的として街中での駐車スペースを削減したので、ビアリッツのような比較的富裕層が多い町でも公共交通利用者が増え

図4 「まちが変わる！」とメッセージを伝える、BRT導入工事のお知らせ

てきた。環境に配慮して自転車でも回遊できる町を目指し、自治体は9kmの街中の自転車専用レーンを整備し、中心地にはすでに電動自転車を配置した（写真5）。役場の公用車も電気自動車が多い。ビアリッツでは、自治体が整合性のあるモビリティ政策に積極的に関与し、商店街の活性化をさらに進めている。

新しい住宅開発とまちの発展

　ビアリッツの面積は11.7km²しかないので、郊外に大型小売店舗が進出しなかった。用地が開放されるとまず住宅地に転用される。町には高齢者人口が多いので（図5）、自然人口減少率がマイナス1％、移住者による人口増がプラス0.3％で、人口は毎年0.7％減少している。自治体は「学校を廃校にしない」「若い消費世帯を市内に引き留める」ために、市街地の南の公共用地に新しい住宅開発を2009年から行い、500戸がほぼ完成している

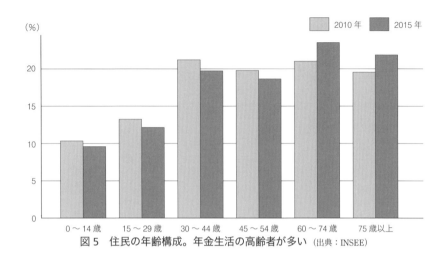

図5　住民の年齢構成。年金生活の高齢者が多い（出典：INSEE）

図6　新しい住宅地クレベール地区の設計図。白い部分がマンション。グリーンスペースが広い（提供：Mairie de Biarritz）

写真6　新しい住宅地クレベール地区の景観

(図6)。2000年の連帯・都市再生法*22に従い、瀟洒なリゾート地のビアリッツも、新規住宅地には必ず20%は社会住宅を供給する原則を守っている。新しい住宅地では、一見して公団住宅、分譲住宅、借家用住宅の区別ができないように調和を見せた景観だ(写真6)。空いた公用地を開発整備区域*23に指定してインフラ整備を行った後、プロモーターに土地を分譲した売上金などで、住宅地の緑の共用空間を整備した。初期のマスターアーバニストが契約を終えたのち、自治体は第三セクターを設立せずに、シャボーさんが直接、土地開発整備計画のコーディネーターとして政策及び事業主体の役割を果たしてきた。小さな自治体では職員が住宅開発整備企画の監督から、海辺の安全対策まで何でも担当する。今後の30年計画で1500戸の住宅開発を南部で予定している。

町のこれからの課題は、駐車対策をさらに充実させることだそうだ。まさに、「駐車を制する都市は、商い栄える」と言える。店舗のおもてなしのクオリティの向上も図っている。外部企業に委託して、一般客に扮した調査員が、自治体が店舗を貸し出している夏場のカフェや旅行情報センターなどで、電話対応、店舗空間の快適さ、ネット上の情報のクオリティ、店員の対応等をチェックしてレポートする。店舗に対しては、改善のアドバイスを行う。こんなに商業事情が充実している町でも、努力している。地理的に海から遠いために、客足が少ない通りの店舗群を紹介する標識の充実も図る。町の商業課の課員は、ラアラーグさんを含めて3人である。フランス最高級の中心街があるビアリッツでは、2017年に59軒の店舗で経営者の交代があり、それらの営業権[24]の平均譲渡金額が1軒あたり、28万3000ユーロだった。2015年の営業権の全国平均譲渡金額18万ユーロと比べると、いかにこの町の商業が好調かが良く分かる。

3｜5年間で6750億円を投入する政府の中心街活性化策
シャッター通りを抱える人口5万人以下の町の共通項と複合的な要因

　人口が1万から5万人の自治体の商店街の構成は、全国展開のチェーン店が約33％、食料品店が9％で、残りは地元の個人経営商店という組み合わせが平均である。町の中心のメインストリートに店舗が集まり、そこからいくつかの商店街が広がる構造が多い。衣料品、カフェ・レストラン、美容・健康関連ショップの他に、生地屋、宝石店、香水店、インテリアショップなどが並ぶ。特に衣料品の分野で、郊外店舗との大きな競合にさらされている。例外的に、「県庁所在地である」「一番近い大都市までクルマで40分以上かかる」「卓越した観光スポットがある」自治体では、空き店舗率10％以下を保持している。しかし人口3万〜5万人の自治体がメンバーである「フランスの町連盟」[25]によると、夜7時過ぎには市街地の人出が全くなくなってしまう地域が多い。この規模の自治体の人口は国の人口

の23％を占め、また雇用人口も26％を占める。

　商業が低迷する自治体に共通する外的要因や、社会構造上の問題をみてみよう（表1）。まず、自治体や地域の産業、経済構造そのものに問題がある場合。たとえば、地域の雇用先であった工場などの閉鎖は全体的な経済活力低下を生み、消費者の購買能力が下がる。国全体の失業率は10％前後だが、人口3万～5万人の自治体では2007年ですでに15.5％だ。自治体の人口減少に伴う中心市街地における空き家の増加などで、郊外と都心との間の人口分布が不自然に偏っている場合も中心地が寂れる。かつては郡

表1　空き店舗率が高い自治体と低い自治体の特徴の比較
(出典：Inspection Générale des Finances Rapport Juillet 2016)

自治体比較	空き店舗率が5％以下の自治体	空き店舗率が15％以上の自治体
店舗数	405	256
店舗数推移	＋8％	－5％
消費単位当たりの年間可処分所得の中央値[*1]	1万8809	1万6868
平均人口	4万469	3万5034
60才以上の人口率	30％	28％
失業率	16％	20％
人口密度	2014	1492
新しい大型小売店舗面積[*2]	8420	11719
空き家率	8.20％	12.30％
グループの中で海岸線がある自治体の割合	33％	10％
花で飾っている自治体の割合	42％	14％
観光拠点がある	25％	7％
文化・アート拠点がある自治体の割合	25％	14％
郵便局がなくなった自治体の割合	0％	10％
医者が廃業した自治体の割合	67％	72％
町の郊外における人口増加率	10％	7.40％

＊1　第3章基礎データ欄の説明参照
＊2　過去4年間に県商業施設整備委員会が事業許可を与えた面積（平方メートル）

表1の統計の根拠：フランスの人口1～10万人の約900の自治体を対象にしている。以下詳細。	
首都圏以外の地方の自治体	296
上記自治体の周辺や郊外に位置する郊外自治体	557
周りに都市部がない過疎地の自治体	57

やカントン（本書第2章30頁参照）の中心であった自治体がその機能を失い、自治体全体で過疎化が進むこともある。人口3万〜5万人の自治体では、行政施設や公的機関の消滅が著しい。2010年から2014年までに、医療機関、特に救急受付と産婦人科が9％も減少した。内科医などの一般医が5.5％、幼稚園が4％、映画館が2.2％、郵便局が1.2％減っている。わずかに0.3％増えたのが薬局。自治体のセキュリティ関連施設だけが、自治体警察や憲兵隊も含めて2％増えた[*25]。

郊外の大型店舗とネットショッピングへの対応措置

「家賃や法人税が高いなど商店が街中に進出しにくい環境」「郊外に不均衡な形で大型店が整備されている」「住民の購買力を超えて郊外に店舗が多すぎる」場合なども、市街地の商店街凋落の原因になる。しばしばシャッター街の理由とされる郊外の大型小売店舗に関しては、1973年のロワイエ法、1996年のラファラン法、2008年の経済近代化法[*26]が、郊外への大型小売店舗規制法として制定された。にもかかわらず、今では人口3万〜5万人の自治体の商業面積の55％が、郊外のショッピングモールになってしまった。新店舗の出店申請を審査する首長、地方議会議長、商工会議所代表などで構成する「県商業施設整備委員会」[*27]が、雇用創出、事業税歳入の増加という魅力を前にして、大型店舗に出店許可を与えてきたからだ。2011年以降は大型店舗の郊外進出のペースは緩慢だが（図7）、これは規制の結果ではなく、単身世帯、就労女性や高齢者の増加など社会構造の変化が背景にある。2010年代以降に発展したドライブイン機能のみの大型店舗は、「県商業施設整備委員会」の許可を得る必要がないので統計グラフには記載されていない。町から離れた道路沿いや、過疎村落の小売店舗は、大型店の登場で大きな危機にさらされた。街中では特に中心街の店舗構成が変わり、インテリア商品、日曜大工関連ショップなど大型で重量のある商品を取り扱う店舗は、中心街から撤退した。

フランス人世帯の90％にスマートフォンが、80％にコンピューターが少

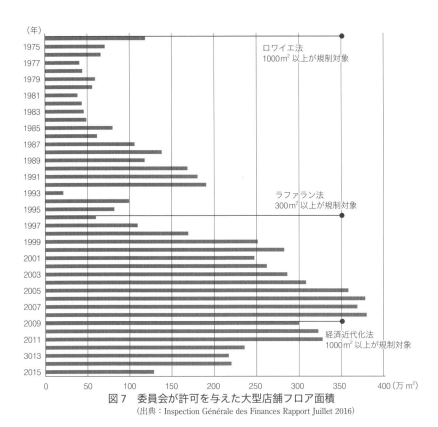

図7　委員会が許可を与えた大型店舗フロア面積
（出典：Inspection Générale des Finances Rapport Juillet 2016）

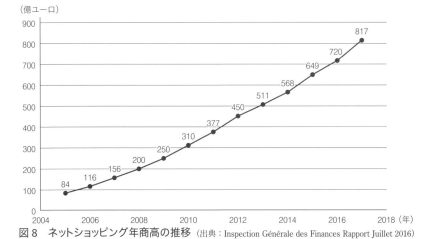

図8　ネットショッピング年商高の推移 （出典：Inspection Générale des Finances Rapport Juillet 2016）

なくとも1台はある。2005年にはネットショッピングユーザーは、平均して年に7件の購買を行い、625ユーロを消費していたが、2015年には1ヶ月に2回ネットで買い物を行い、年間1780ユーロを消費している（図8）。2015年のネット購入対象製品は、衣料品、本や音楽などの文化、電子製品、旅行関連が主で、これらの分野の店舗の町からの撤退が著しい。ホームページを持つ店舗数も、2005年からの10年間に12倍になった。統計では人口40万人以上の自治体では、ネット販売を行っている商店は15％しかいないが、2万人以下の自治体では56％にものぼる。ネット販売を併設している店舗の年商高は63％上昇している[*28]。取引内容は、本、インテリア、庭用品、衣料品、化粧品・健康食品と続く。グーグルでの検索で上位に出るには有料の契約が必要なので、小さな自治体の店舗は、まず朝市で商品を紹介して客にネットアドレスをアピールしている。商店がネット販売に繰り出すのは、必ずしも年商高の増加が目的ではなく、小さな自治体にお店があるために、知名度を上げて近隣以外からの消費客を期待しているのだ。商業施設の64％が、顧客の住まいあるいは仕事先への商品の配送を行っており、店舗もネットショッピングに対抗した対応を行っている。

　郊外の大型店舗進出やネット取引の増加は、大小すべての自治体の商業経営者に共通して起こった外的要因である。結局小さな自治体の商店は、まだまだ世の中の流れに敏感とは言えないのではないか。若い消費者は、商品のトレーサビリティや有機食品にこだわる傾向が明白になり、大型スーパーの販売面積の15％が今や有機食品である。産地や有機栽培にこだわる消費者の増加は地産地消型に近づき、本来ならば地域の個人商店には有利に作用するはずだが、商品を魅力的に見せる工夫が足りない店舗も見受けられる。すでに大型店舗のショッピングモールは、商品を売るだけの行為を中心にした場ではない。「気晴らし」空間を提供し、レストラン、カフェ、映画、イベントなどを盛沢山に投入している。そして最終的には消費へと訪問客を促す。モールへのアクセスや駐車は簡単だが、一方、小さな自治体では、中心街に行く公共交通の移動手段や駐車スペースが不十分

なことが多い。子どもの手を放して安全に歩けない町、ショッピングに疲れた時に気軽に座れる空間がない商店街からは人は離れる。都市空間の整備条件も、消費者の行動に大きく作用している。

自治体が主導する中心街活性化政策

　人口10万人以下の町のシャッター通り問題解決のために、2017年12月にジャック・メザール[*29]大臣が、中心街活性化企画への補助金供与を発表した。2018年3月には、フランス全体で222の支援対象自治体も公表された。自治体は現状分析レポートと、中心街活性化の企画書を作成する。商業政策だけでなく、どのような住居対策を採っているのかも問われる。政府が「中心街でのアクション」[*29]と名付けたこの政策には、合計50億ユーロの補助金が用意される。元来、商業の状況はそのエリアの経済状況の指標でもある。商店街が元気であるためには、店舗構成が魅力的で消費意欲を促す商品が揃っているだけでなく、複数のパラメーターが同時に満たされている必要がある。「消費者が中心街から遠隔地に住んでいないか？」「まちの中心街に市役所、図書館、保健所などの行政機構が残っているか？」「街中で、楽しい文化イベントなどが頻繁に企画されているか？」「町にアクセスしやすい多様な移動手段が確保されているか？」「公共空間に魅力があり、住民が「まちに行ってみたい」と思える整備がなされているか？」「郊外の商業店舗とのバランスは上手く取れているか？」などの要因が中心街活性化に関与している。

　政府の補助金の対象は、商店街活性化対策だけではない。住民の生活条件全体の改善につながる、地域発展の原動力となる中心市街地へのテコ入れが目的だ。従ってシャッター通り対策は商店街だけをターゲットにしたものではなく、まちを構成する多様な要素へのアプローチが対象になる（表2）。中でも町の中心街のアイデンティティ設定が肝要で、住民が「中心街」と聞いた時に連想できる、共通したイメージづくりが求められる。それは中心市街地のランドマークとなる建物かもしれないし、ショッピング

ストリートやイベントの多い広場かもしれない。シャッター通り対策として、政府が自治体に求めているプロセスを以下に紹介する。

①活性化プジェクト委員会の立ち上げ(総合戦略を自治体全体で構築する)。
②都市計画の見直し（PLUのゾーニングは、中心地域と郊外とのバランスを考慮しているか？）
③ステークホルダー間の整合性（議員、商店経営者などが、町のアイデンティティや中心街発展の同じイメージを共有しているか？）
④商店街の具体的なサポートを設定する。
⑤商店舗の取り扱いを専門とする不動産業者の管理と活性化を図る。

補助金の対象となる具体的な事業には、政府は次の5つの軸を挙げている。

表2　シャッター通り対策の複数のパラメーター・小さな町で出来ること
(出典：*"Adopter Commerce de demain"* David Lestoux, Territorials Editions を元に筆者が再構成)

要素	活動内容	事業主 （フランスの場合）
住居	1. 中心街の建物の刷新 2. 購買意欲の高い年齢層、購買能力の高い住民の都心部新築不動産物件住居への誘導 3. 不動産物件の整理	広域自治体連合住宅局
生活環境	1. 店舗正面の美化 2. 店舗が入居している建物全体の正面の刷新 3. 商店軒先のテラス整備	観光案内所 フランス建造官 商店街組合
公共空間の魅力	1. まちの中心広場の美化 2. 駐車場の整備 3. 歩行者道路の充実 4. ごみの収集場所の整理	自治体 駐車場管理業者
モビリティ	1. 町へのアクセス、クルマの回遊ライン 2. 公共交通の導入 3. 標識案内は十分か 4. 駐車場の支払い方法の統一	広域自治体連合交通局
医療機関	1. ふさわしい建物はあるか 2. 診療所の可能性	県の医療担当局
商店の魅力	1. 現状分析 2. 郊外店舗との均衡 3. イベントは重なっていないか 4. 顧客へのコミュニケーションは十分か 5. 常設店舗とマルシェのバランス 6. 牽引役となる新規商店の導入 7. ネットを通した新しい顧客の開発	商店街組合 商工会議所

① 「より魅力的な中心街を創出するための住居環境の改善」
② 「バランスの取れた商業発展（郊外店舗との調整）」
③ 「中心街への交通アクセス条件の向上（モビリティ全般と交通ネットワークの見直し）」
④ 「都市資産や都市の形の見直し（公共空間整備と文化、歴史遺産の保存）」
⑤ 「行政機構や公共施設への移動手段の整備」

　中心市街地活性化プログラムは、広域自治体連合や知事、民間企業とも協働するが、あくまでも地方自治体が中心となり構築する[*30]。自治体の首長が、活性化プロジェクトの委員長となり、計画の実行を指導する。実際の取り組みについて、222の支援対象自治体の1つに選ばれたサンブリュー[*31]で話を聞いてみた。サンブリューはパリから西へ450km。風光明媚な大西洋岸ブルターニュ地方の海岸に面した都市なので、本来ならば町が栄える地の利はあるはずだが、空き店舗率は2012年は14％、2015年は19％と高い。

4｜一度は政策の失敗で市街地が衰退したサンブリュー（人口4万5000人）の総合的な中心市街地活性化策

郊外大型店舗との競合と広域での都市発展政策の不在

　パリからブルターニュ地方の入り口レンヌまでTGV、そこから地域鉄道に乗り換えて2時間15分でサンブリューに着く（図9）。風光明媚なアルモール海岸[*31]に面している。2017年に中心街で営業権譲渡の対象になったレストランとカフェが20件あり、平均価格は6万ユーロであった。フランスの平均18万ユーロと比較すると、サンブリューの置かれた状況が分かる。市役所の開発・都市計画・経済部商業課のオルヴェイヨンさんと、都市計画課のシャプランさんにお話を聞いた（写真7）[*32]。オルヴェイヨンさんはサンブリュー生まれで、今回多くの行政スタッフにインタビューしたが、就労している自治体で生まれたのは彼1人であった。

　大型店舗出店規制法が設立される以前の1960年代後半から、巨大なシ

図9　サンブリュー

写真7　サンブリューの中心広場（上）と自治体都市計画課のオルヴェイヨンさん（Mr Orveillon）と、同じ部のシャプランさん（Ms Chapelain）

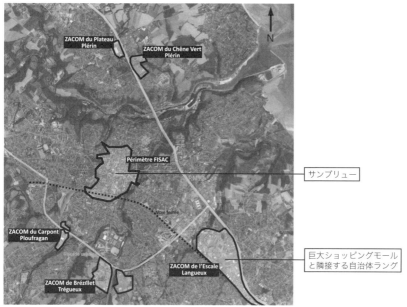

図10　郊外に発達した5ヶ所のショッピングモールと周辺の自治体
（提供：Mairie de Saint-Brieuc）

ョッピングモールがサンブリュー郊外5ヶ所に進出した（図10）。車の修理、レストラン、美容院が揃い、衣料品から生鮮食品、インテリアなどすべての消費活動が可能だ。市街地で営業していた日曜大工ショップなども、駐車が簡単で家賃が安い郊外の集積地に移転した。こうして、少しずつ市街地の店舗が郊外に逃げて行った。ショッピングモール周囲の小さな自治体は、学校や文化・スポーツ施設を着々と整備し、快適な家庭生活が過ごせる生活環境を整えてきた。そんな郊外の1つ、人口7500人の自治体ラング*33 村では近隣商店が豊富に整い、大人たちに付き添われ下校する子どもたちで賑わう中心街の明るい雰囲気が印象的であった（写真8）。現在では65万 m² の広大な敷地に、220の事業所に1100人が働く複合商業施設がラング村に近接している。サンブリューの住民でさえ、映画が見たい時にはこのラングに来るくらい、郊外の方が娯楽も充実している。経済的に余裕のあるサンブリュー住民は郊外に出て行き、比較的早い時期から郊外と市街

写真8　郊外の自治体・ラングの景観

地との競合関係が存在した。2001年までは社会党政権だったサンブリューでは、住宅の27%が所得が低い住民が入居する社会住宅で、労働者の町というイメージが定着してしまった。今でも自治体人口の半数が非課税だ。失業率も19.2%と高く、広域自治体連合の12.9%を大きく上回る。市街地には377の店舗があり、中心地活性化のために26店舗を含むショッピングセンターを誘致したが、それでも中心部は16%の空き家率だ。

　サンブリューの中心街衰退には政治的な背景もあった。2001年からは右派政権が続き、逆に周囲の郊外の自治体はすべて2014年まで左派政権で、広域自治体連合[*34]の首長は左派から選出されるねじれ現象が長く続いた。当時は広域自治体連合エリア全体で議決する総合的な都市計画が存在せず、小さな自治体がそれぞれ独自に都市計画を進めていた。郊外がどんどん発達する事態に対して、サンブリューは何もできなかったわけだ。近年では広域自治体連合としての地域マネジメントがフランス全体で進む中、

郊外の村落の議員たちの意識も少しずつ変わってきた。地域全体が栄えるためには、中心となる旧市街地サンブリューの賑わいが肝要である、ということが徐々に理解され始めた。現在では中心自治体サンブリューの首長が、広域自治体連合の議長も兼ね、政治のねじれ現象は解消された。

中心街の魅力を高めるための公共機関による総合的な支援

　個人経営者に対して、サービス・手工業・商業のための支援基金FISAC[*35]（図11）から交付される、店舗正面の改装を支援する補助金の平均額は2500ユーロだ。開業の際には、店舗の内装や家具などの購入資金に、州政府の補助金「商業パス」[*36]を申請できる。最高2万5000ユーロまでの補助が可能で、平均支給額は7500ユーロだ。補助金額は店舗開店準備コスト全体の30％が上限で、70％は必ず本人の出費が求められるので、本気度が測られる。この2つの補助システムの重複も可能だ。自治体は商工会議所などとともに、補助金に関する情報を積極的に広報しており、私がインタビューしていた時も、申請者が役所に情報収集に訪れていた。

　サンブリューが位置するブルターニュ州議会は2017年6月に、自治体に中心街活性化補助金を与えるために、公開競争コンペを行った。補助金の配当先自治体をコンペで決めるのはフランスではよくある形で、申請書の内容の優れたプロジェクトに補助金が交付される。サンブリューは4年間で全額160万ユーロの補助金を受けた。公共空間の整備と都心の住居改善支援に50万ユーロずつ支給され、老朽化して危険な建物や、景観上劣化した建造物の刷新に当てられる。国立住宅庁[*37]と地方公共団体との間で、3〜5年の「住居改善オペレーション企画」[*38]契約を締結する。本当に古くて危険な建造物の所有者には、補助金を供与して改装工事を義務づけることができる。所有者が工事を拒否した場合には、強制退去も要求できる。サンブリューでは、100軒ほどの建造物が対象になっており、中心部の魅力を高めるために避けては通れないオペレーションだ。残りの補助金は、青少年センターの立ち上げや、「第3の拠点」設立にも適用される。「第3の

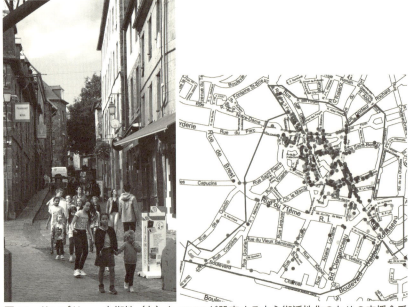

図 11 サンブリュー市街地(左)と FISAC が設定する中心街活性化のための支援金受給対象となる範囲。丸印は商業店舗 (提供:Mairie de Saint-Brieuc)

拠点」とは、家庭でも職場でもない場所を指すそうだ。NPO の活動拠点、地域のアーティストの作品展示場、友人と語らうなど多目的に利用できる市民スペースだ。自治体が企画する文化フォーラムや講演会、青少年対象のイベントなどの機会を通じて、市民の要望をまとめ、「こんな場所があればいい」という声を取り入れた結果が、「第 3 の拠点」だ。既存の教会の内装を改善して市民会館に転用するので、予算は建設費ではなく活動の運営費にあてられる。

空き家対策への取り組み

サンブリューは、ブルターニュ州議会に提出していた 200 頁にもわたる都市事情の診断書とその処方箋のコンペ資料を元にして、政府の 2018 年度「中心街活性化補助金」も申請した。これは、現存の各種補助金の出所

を一括して、申請案件に「中心街でのアクション」*39 プログラムとしての認定を政府が与えるものだ。具体的には、プログラムはどう役に立つのだろうか？

　日本の商店街と同様、サンブリューのような小さな町では階下が店舗で、上に店主家族が住んでいた建物も多かった。現在は空き家になり、住人のいない家屋の湿度が増し、保存状態が大変悪い。商店街が賑わっていた時代には建物全体を店舗経営者が購入し、道路に面した販売フロアの面積を最大限活用するために、階上への階段口そのものを閉鎖してしまった建物もある。都心にあるこの種の建物の再整備が、「中心街でのアクション」プログラムの中心の１つになる。自治体の役目は資金を調達して、民間資本が手をつけたがらない難しい案件の建物改善事業に着手してもらえるお膳立てをすることだ。自治体が構築した住居改善計画に、ある程度国からの補助金が入ると、民間パートナーを引き入れやすくなる。リノベ計画などが客観的に認められ、複数の機関からの参画につなげる仕掛けだ。都市近代化のツールといってもよい。サンブリューは 2014 年にすでに中心街活性化委員会*40 を設立していた。首長が委員長で、歴史遺産や都市計画担当の副市長、広域自治体連合議会の議員、銀行などの事業のパートナー、商店街組合や企業連合などが委員会メンバーだ。中心街を活性化するためのプロジェクトガバナンス機関といえる。問題をあぶり出して、町の再生プロジェクトを樹立する。この同じ委員会が「中心街でのアクション」プログラムを引き継ぐ。

　町や村のアイデンティを保ちながら、いかに財源を確保して古い建造物を改修、保存してゆくかは、自治体の大きな課題の１つだ。老朽化した集合住宅を、現代の快適さの基準に合わせて自治体が改修し、移住する若い世代に安くレンタルしたり、あるいはリーシングの形で分譲する場合もある。住民税や固定資産税を免除して街中に若い世代に住んでもらい、小学校を存続させる。だがこの方法は、自治体の中心にある昔からの歴史的建造物などの保存にはつながらない。地域の歴史に直結する古い家屋は、現

在のエネルギー基準や安全規定に合わせるための改造が必要だ。昔からの作りで、内部が暗く、また細い街路に建てられていることが多いので、駐車場のスペースがないなど、小さな子連れ家族が望む物件とはほど遠い。そこで自治体のフリンジエリアに、一戸建住宅が新築される。郊外に住居を用意すると、道路整備などインフラコストが自治体にかかる。若者には移住してほしいが、町の中心から離れているところも困る、と土地利用計画の調整は難しい[*41]。

たとえば人口9万6000人のルーベ（Roubais）市では、市役所が中心市街地の空き家18軒を1ユーロで競売にかけた。これらの家屋を居住可能にするためには、6万から20万ユーロの資金が必要で、すぐに工事に着手できる支払い能力を持つことが応札条件だ。また、応札者は改修した家屋に住まなければならない。かつて繊維産業で栄えたルーベ市も、1968年の人口11万4000人から、2014年には9万4000人に減少し、住民の43％が貧困層だ。市役所は家屋解体は避けたいが、その安全面の対策やメンテナンスでコストがかかる。そうしたジレンマに応え、都心部における空き家保存のために、同じプロジェクトが成功したイギリスのリバプールの事例を踏襲した[*42]。

あきらめず町の発展を図る自治体──住宅対策とモビリティ

中心街の魅力を高めるために必要なモビリティ政策も、サンブリューで現在進行中だ。現在は中心地にクルマが溢れ（写真9）、ぶらぶら歩けるスペースが少ない。人を市街地に呼び込むには、広場空間の創出が必要だ。中心部の路上駐車スペースは撤廃して歩行者空間にする。その代わりに、中心地の周辺に路上駐車スペースを設ける。駐車場は地下を含めて3500台分あり、大半が公営だ。また、できるだけ町の中心へのクルマの侵入を減らすために、まちを横切る東西15kmのBRTを導入して、路線の一部がすでに開通している。BRT終点にはパークアンドライドを整備する計画だ。さて、このBRTは郊外には延伸していない。モビリティ政策は広域自

写真 9　サンブリューの中心広場の教会脇にある駐車場も撤廃予定

写真 10　サンブリューの中心街

治体連合の管轄なので、広域の自治体は自分たちの領域を走行しない BRT 予算を認めたわけだ。

　最後に自治体職員になって 7 年目のオルヴェイヨンさんに抱負を聞いた。
「サンブリューは本当にやらなくてはならないことが山積みなので、ポテンシャルが高い。ここのように小さな町では、計画に携わる官民のすべてのアクターとのコンタクトが簡単だ。これが大きい自治体だと、多分直接的な人間関係はそんなに持てないだろう。だからこの仕事にやりがいを感じている。今では少しずつ町に興味を抱くプロモーターも出てきたし、出店希望者もいる。もう全国展開のフラッグショップを誘致することは考えていない。これから中心街では、モールに出店していないような個人的なテイストのセレクトショップなどの誘致に重点を置いていきたい。」

　空き店舗率が高い町の処方箋は、「町に来たくなるような質の高い景観形成や、イベントの企画が必要」との共通認識のもとに、まず中心地の都市空間や住居環境の改善から着手するのが、近年のフランスの小都市活性化政策の傾向である。公共空間再整備の次は、町にアクセスするモビリティ手段の充実に取りかかる。商店街支援だけでは、町の活性化につながらない。商店街景観美化や商店組合活動の活性化、商品券、プレミアム券配布などの短期的な消費刺激策に頼らず、広く中心市街地の賑わいを模索する試みを、フランスの自治体に見ることができる。その鍵は、中心街での魅力ある住宅の供給と、郊外から中心街にアクセスするモビリティの充実だ。

ビアリッツ　基礎データ（2015年）

		ビアリッツ	バスク集落共同体 158の村落で構成
人口	人口	2万4457人	30万2980人
	人口密度（1km² 当たり）	2097.5	102.1
	面積	11.7 km²	2968 km²
	2010年から2015年までの人口	− 0.7 %	+ 0.9 %
	そのうち自然人口推移	− 1.0 %	− 0.1 %
	そのうち移入・移出人口推移	+ 0.3 %	+ 1.1 %
	世帯数	1万3881	14万2419
	出生数（2017年）	160人	2672人
	死亡数（2017年）	384人	3457人
住宅	住宅数	2万5449戸	19万5571戸
	本宅としての利用率 （別荘ではなく、1年を通して住居）	54.5 %	72.8 %
	別荘としての利用率	41.5 %	21.2 %
	空き家率	4 %	6 %
	持ち家率	56.7 %	58.6 %
所得	世帯数	1万3753戸	—
	消費単位当たりの年間可処分所得の中央値	2万2103ユーロ	—
	課税対象世帯割合	58.3 %	—
雇用	雇用数（給与所得者・自由業など形態を問わず）	1万2499人	12万2514人
	そのうち給与所得者の割合	77.9 %	80.4 %
	雇用率変化（2010年から2015年）	0.4 %	—
	失業率（15歳から64歳対象）	16.8 %	12.2 %
産業	事業所数　2015年12月	5418	—
	そのうち農業	0.1 %	—
	そのうち工業	3.2 %	—
	そのうち建設業	7.1 %	—
	そのうち商業、交通、サービス業	74.6 %	—
	そのうち行政、教育、社会福祉機関	17.4 %	—
	そのうち従業員0（自由業・自営業）	3931（72 %）	—
	そのうち従業員1～9人	1299	—
	そのうち従業員10～19人	114	—
	そのうち従業員20～49人	49	—
	そのうち従業員50人以上	25	—

サンブリュー 基礎データ（2015 年）

		サンブリュー	サンブリュー・アルモール 村落共同体 32 の村落で構成
人口	人口	4 万 5105 人	15 万 1307 人
	人口密度（1km² 当たり）	2064.5 人	251.9 人
	面積	21.9km²	600.7km²
	2010 年から 2015 年までの人口	− 0.5 %	＋ 0.3 %
	そのうち自然人口推移	0.0 %	＋ 0.1 %
	そのうち移入・移出人口推移	− 0.5 %	＋ 0.2 %
	世帯数	2 万 2858	6 万 9266
	出生数（2017 年）	486 人	1452 人
	死亡数（2017 年）	579 人	1599 人
住宅	住宅数	2 万 7056 戸	8 万 2683 戸
	本宅としての利用率 （別荘ではなく、1 年を通して住居）	84.5 %	83.8 %
	別荘としての利用率	3.3 %	8 %
	空き家率	12.2 %	8.2 %
	持ち家率	50.1 %	65 %
所得	世帯数	2 万 1065 戸	―
	消費単位当たりの年間可処分所得の中央値	1 万 8839 ユーロ	―
	課税対象世帯割合	48.1 %	―
雇用	雇用数（給与所得者・自由業など形態を問わず）	2 万 7798 人	6 万 5595 人
	そのうち給与所得者の割合	91.2 %	88.3 %
	雇用率変化（2010 年から 2015 年）	− 1.7 %	―
	失業率（15 歳から 64 歳対象）	19.2 %	12.9 %
産業	事業所数　2015 年 12 月	4420	―
	そのうち農業	0.5 %	―
	そのうち工業	4.4 %	―
	そのうち建設業	6.6 %	―
	そのうち商業、交通、サービス業	68.6 %	―
	そのうち行政、教育、社会福祉機関	19.9 %	―
	そのうち従業員 0（自由業・自営業）	2937（66 %）	―
	そのうち従業員 1 〜 9 人	1120	―
	そのうち従業員 10 〜 19 人	159	―
	そのうち従業員 20 〜 49 人	113	―
	そのうち従業員 50 人以上	91	―

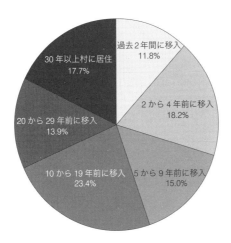

ビアリッツに 30 年以上住んでいる住民は 17.1％しかいない。45％はビアリッツに住み始めて 10 年以下だ（出典：INSEE　2015 年）

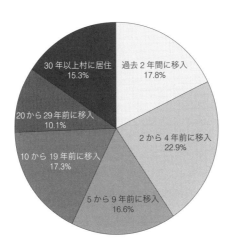

サンブリューに 30 年以上住んでいる住民は 15.3％しかいない。57.3％はサンブリューに住み始めて 10 年以下だ（出典：INSEE　2015 年）

注

* 1　Galerie Lafayette と FNAC は共に全国展開の店舗。この 2 店舗が商店街の中心とみなされている。
* 2　Inspection Générale des Finances Rapport Juillet 2016
* 3　Angers, Le Havres, Reims, Orléans
* 4　Jean Royer：ロワイエ法（正式名称は「商業・手工業基本法」Loi d'orientation du Commerce et de l'artisanat）を立案した元国会議員で、1995 年までツール市長
* 5　Tours
* 6　Jérôme Baratier : Directeur de l'agence d'urbanisme
* 7　Institut pour la ville et le commerce
* 8　Colmar は Haut Rhin 県の県庁所在地
* 9　Couvent des Unterlinden：中世の著名な祭壇画がある。
* 10　Biarritz
* 11　Hôtel du Palais：ホテルの所有権はビアリッツ市にある。長期借用権をホテル経営者に認めており、ホテル側は毎年、自治体に家賃を支払っている。
* 12　Communauté d'Agglomération de Bayonne-Anglet-Biarritz：集落共同体については第 2 章 30 頁参照
* 13　Saint-Sébastien
* 14　Pays Basque
* 15　Taxe de séjour：宿泊税の数字はビアリッツ自治体提供、及び広報誌『Biarritz Magazine』2018 年 5 月号より
* 16　Michel Veunac
* 17　Office de tourisme：公的機関が運営する商工的公施設法人（Etablissement public industriel et commercial）
* 18　http://www.marque-biarritzpaysbasque.com/
* 19　Agnes CHABAULT（土木技師・開発整備部長）、Fabienne LAHARRAGUE（経済・商業部長）
* 20　MAREA : Modélisation et Aide à la décision face aux Risques côtiers en Euskal Atlantique
https://www.marea-paysbasque.fr/fr/marea/modelisation-aide-decision-risques-cotiers-euskal-atlantique/
* 21　MAPTAM : Loi du 27 janvier 2014 de modernisation de l'action publique territoriale et d'affirmation des métropoles
* 22　連帯・都市再生法（SRU : Loi Relative à la Solidarité et au Renouvellement Urbain）
* 23　開発調整区域（ZAC : Zone d'Aménagement Concerté）
* 24　Fond de commerce：フランスで店舗の経営者交代時に、売買の対象になる営業権。詳細は『フランスの地方都市にはなぜシャッター通りがないのか』111 頁参照
* 25　Association des villes de France：数字は『ルモンド誌』2018 年 3 月 27 日より
* 26　ロワイエ法（商業・手工業基本法）：Loi d'orientation du Commerce et de l'artisanat
ラファラン法（商業・手工業の振興・発展に関する法律）：Loi relative au développement et à la promotion du commerce et l'artisanat
経済近代化法：Loi de Modernisation de l'économie
詳細は『フランスの地方都市にはなぜシャッター通りがないのか』99 頁参照
* 27　商業施設整備委員会（CDAC : Commission Départementale d'Aménagement Commercial）　委員会が却下した事業には、首長は建築許可を与えることができないので、店舗

は進出はできない。
* 28 Inspection Générale des Finances Rapport Juillet 2016
* 29 Jacques Mezard（「地域の均衡」大臣・日本の地方創生大臣にあたる）が推進する政策プログラム「Action cœur de ville」
* 30 県や州、民間企業等のプロジェクトへの参画や投資は可能だが、協定を締結しあらかじめ決定された介入・協力分野においてのみ協働する。官選で地方において国を代表する県知事が、プロジェクトに対して国と自治体をつなぐ。知事は自治体の活性化委員会に出席し、複数の団体との協定締結時には署名も行う。「地域の均衡調整庁」（CGET：Commissariat général de l'égalité des territoires）が、フランス全土のコーディネーターとなり、全国レベルでの技術委員会及び情報収集センターの役割を果たす。企画責任者と最終決定者が首長、事業認可を与える最終調整者が知事と決まっており、責任の所在が明確だ。
* 31 Saint-Brieuc は Côte Armor 県にある。
* 32 Philippe ORVEILLON, Delphine CHAPELAIN
* 33 Langueux
* 34 サンブリューを中心として 32 の自治体で構成する Saint-Brieuc Armor Agglomération 人口 15 万人
* 35 サービス・手工業・商業支援基金（FISAC：Fond d'intervention pour les services, l'artisanat et le commerce）
* 36 Pass commerce
* 37 ANAH：Agence national de l'habitat・https://www.anah.fr/
* 38 OPAH：Opération programmée pour l'Aménagement de l'Habitat
* 39 Action Cœur de ville：政府から新規の予算が組まれたわけではなく、各機関が出していた既存の補助金を一括した。（第 6 章 155 頁参照）
* 40 Comité d'attractivité du centre-ville
* 41 法律では人口が 3 万人以上の村落共同体（共同体のうちの少なくとも 1 つの村落で人口が 1 万人以上）では、PLH と呼ばれる住宅供給計画を策定し、条例化させることが都市法典 L302-1 で制定されている。だが、それよりも小さい村落共同体では、過去には必ずしも秩序だった計画のもとに新築住宅が供給されてきたわけではない。現在では住宅供給計画 PLH は、広域都市計画 PLUi に統合され、より整合的で広域における都市計画になった。
* 42 https://www.capital.fr/immobilier/acheter-une-maison-a-1-euro-a-roubaix-la-bonne-affaire-1277366　このモデルはイタリアのシシリア地方でも適用されている。

第7章
文化と教育の力で活性化を図る
シャルルヴィルメジエール

歩行者空間だからできる大道芸

1 | 1980年代の繁栄後、人口が6万人から4万7000人に激減

　シャルルヴィルメジエール*¹は、パリから北東239kmに位置し、ベルギーの国境から10km、ブリュッセルまで90kmしかない（図1）。ルクセンブルグの国境までは130km。ベルギー南東部、ルクセンブルク、フランスの一部を含む1万1000km²のこの地域は、アルデンヌ*²と呼ばれる。シャルルヴィルメジエールは、フランスのアルデンヌ県庁所在地でもある。高い山がなく、森林が多い。18才で「酔いどれ船」を書いた詩人、ランボー*³の生家がその生涯を追想できる博物館*³になって、町に残っている。

　だが、フランス人でもシャルルヴィルメジエールと聞いて、文化を連想する人は稀だ。この地域は1870年から第二次世界大戦終了まで、ドイツ軍に何度か占領された。寒冷で降水量の多い気候、第一次界大戦時の対独戦線の悲惨な記憶と相まって、アルデンヌには余り明るいイメージはない。

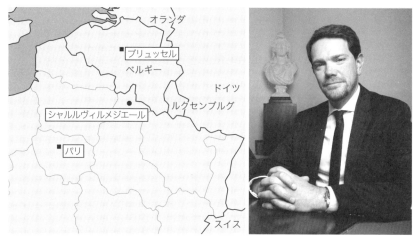
図1　シャルルヴィルメジエールのラヴィニョン首長　(提供：Ville de Charleville-Mézières)

2000年代に入り重工業が衰退し経済的な停滞が顕著で、失業などの社会問題を多く抱えている地方の1つとして捉えられている。

　折しも2018年11月7日に、マクロン大統領が閣僚会議をシャルルヴィルメジエールで開催し、地域の工場を見学して新しい1000の雇用創出をアルジェリアの投資者とアピールした[*4]。労働者の町、不況の町の象徴であるシャルルヴィルメジエールを舞台にして、勝ち組の都会人や金持ち寄りと形容されることの多い大統領が、フランス国民に対するイメージの是正を図った試みとされている。

　1960年代から2000年までは製鉄・金属業やスレート採掘事業で栄えた町の人口は、今では6万人から4万7000人まで減少した。しかし、2014年に選出された新首長の采配のもと、シャルルヴィルメジエールは変化を試みている。フランス最高学府出身のラヴィニョン首長[*5]（図1）は、フランス財務省で3年間、マクロン大統領の上司であった。40歳を前に帰ってきた故郷で町長になり、文化と教育の力で地元の活性化を図っている姿を本章で紹介したい。

第7章　文化と教育の力で活性化を図るシャルルヴィルメジエール　｜　173

2｜小さなまちで共有する世界の文化

街中の空間を活かして開催される「世界人形劇フェスティバル」

　1606年に建設された立派なデュカル広場[*6]（写真1）を中心に、2年に一度、町中の通りや空間を利用して大規模な人形劇フェスティバルが開催される。1961年に第1回「世界人形劇フェスティバル」、1967年に第2回を開催し、1972年の第3回フェスティバルでは、すでに25ヶ国からの参加があった。今でこそ小さな町での「世界フェスティバル」は珍しくはないが、当時は画期的なイベントであった。1929年にプラハで設立された由緒ある世界人形劇連盟[*7]の本部が、1981年シャルルヴィルメジエールに移転した。同じ1981年に人形劇世界会館[*8]が、1987年には人形劇アート国立養成学校[*9]が設立され、世界中からアーティストが訪れ、学校では人形劇芸術の学士号まで修得できる。当時のアンドレ・ルボン[*10]町長も一連の動きを支援した。1988年には人形劇が縁となり、日本の長野県飯田市とシャルルヴィルメジエールは友好都市提携を行った。

　2015年の世界人形劇フェスティバル（写真2）では5万1200枚の有料チケットが販売され、フェスティバル開催コストの40%を占めるまでになり、補助金への依存度が減ってきた。世界の5大陸から250の劇団が訪れ、フェスティバル開催中、延べ15万人が人形劇を楽しんだ。日本では文楽を中心として、人形劇は由緒ある歴史の香り高いアートとして認識されているが、フランスではまだ子ども向けのイベントとして捉えられることが多い。フェスティバルの催し内容を鑑賞すれば、舞踊、音楽、照明などの完成度が高い総合的な伝統芸術であるばかりか、非常に斬新でコンテンポラリーな試みが行われていることも分かる。

人形劇を通して世界とつながる

　劇団人の集まりだけでなく、人形劇を支援する都市や地域の行政が出会う人形劇の友・友好都市国際協会[*11]が2011年に設立された。2018年8月

写真1　デュカル広場での2017年の世界人形劇フェスティバル

写真2　2017年世界人形劇フェスティバルでは地元の子どもたちも参加

写真 3　飯田市とシャルルメジエールは友好都市協定 30 周年を祝った

には、人口 10 万人の飯田市で開催された協会の総会に世界の 15 都市の代表者が訪れ、人形劇の振興について多言語で会議が行われた。飯田市長牧野光朗氏の精力的な働きかけのおかげで、人形劇の友・友好都市国際協会は人形劇の伝統があるアジアでも浸透し始め、2018 年から新メンバー都市として、韓国の春川市、台湾の雲林縣、日本の南あわじ市の 3 都市とセビリア市が参加することになった。飯田市では 2500 人の市民ボランティアが大きな存在感を示して、10 日間に延べ 6 万人が鑑賞する「いいだ人形劇フェスタ」を盛り上げている。シャルルヴィルメジエールと飯田市の友好都市提携 30 周年記念行事への参加も兼ねて渡日したラヴィニョンさん夫妻も、飯田市の各地で市民の熱狂的な歓待を受けた（写真 3）。今田人形の館で実際に人形を操作する機会を得て、2020 年にオープンするシャルルヴィルメジエールのアルデンヌ博物館[*12] の人形劇別館では、訪問者が実際に人形を繰るコーナーが必要だとアイデアを得たそうだ。

活発な文化政策がある町には魅力が生まれ、フランス人が求める「生活の質」の向上につながると考え、地元の伝統文化の魅力を自覚することが、経済が衰退して自信をなくしがちな市民が、その自己イメージを向上させるきっかけになることを首長は願っている。飯田市とシャルルヴィルメジエールは、伝統文化育成以外にも、革新的なエネルギー対策への取り組み、先端産業振興、医療サービスの再編成、大学教育機関の誘致などの試みを通して、改革を行っているところが似ている。飯田市長も日本政策投資銀行のビジネスマンから、故郷の自治体の首長に転身したという経歴だ。

3｜若い首長の自治体新生への試み

大学誘致と環境・公共空間の魅力化策

　私の近所に、子どもが2人いる30代夫妻がパリから引っ越して来た。大西洋岸のナント市（経済人口68万人）で2人とも仕事をみつけ、アンジェ市から30分かけてTGVで通っている。かれらによると、移住先でも魅力のある町と、そうではない町がある。たとえば「シャルルヴィルメジエール」などは名前を聞いただけで、即刻移住先リストから外される自治体だそうだ。そんな全く人気のない東北の町のラヴィニョン首長は、どのような具体的な自治体活性化政策を採っているのだろうか？

　まず新大学の誘致と教育を軸にした未来構想が中心だ。大学教育では、現在ランス大学の分校施設のサイエンス工学部を中心に2500人の学生がいるが、4000人にまで持ってゆくために新キャンパスを建設中だ[*13]。

　次に持続可能な都市の発展をめざして、廃棄物のリサイクルや森林、水辺地域の保全などの環境整備を行い、市民の憩いの場を提供している。プジョー工場の高炉のエネルギーを回収して、2019年から2000人の雇用がある病院と3200戸の民家に暖房用の熱水を供給する[*14]。

　治安対策にも力を入れている。2014年までには自治体に2台しかなかった監視カメラを50台に増やし、24時間体制で可視化し軽犯罪の減少に寄

写真4　夏季のデュカルビーチ。正面後ろは町役場の建物 (提供：Ville de Charleville-Mézières)

　与させている。自治体警察の警官も19人から40人に増やし、治安が不安定な地区では交番のように恒常的に警官を常置することを考えている。

　3つ目の柱は町の活性化だ。ラヴィニョンさんが始めた「デュカルビーチ」では、7月と8月の間、広大なデュカル広場をビーチにあつらえて、家族連れが遊びに来るように工夫している（写真4）。8月に4日間開催する音楽祭「緑のキャバレー」*15では、延べ10万人が訪れる。春のビール祭りなど、年間を通して中心広場でのイベントを増やし、広場を「明るい町」の顔としてとらえ、都市空間を最大限に活用し、ともすれば週末には郊外のショッピングセンターに行きたがる人たちを街中に呼び込む。

　戦略の最後の柱、モビリティでは、まち歩きが楽しくなるように、時速30km制限ゾーンを徐々に増やして、歩行車専用空間や自転車専用道路の拡張に努める。パーキングを歩行者道路の周辺に整備して、中心地での車利用を制御しているが、夏場以外は車での都心侵入は可能だ。

このような新しい試みの資金を得るために、ラヴィニョン首長は就任後、17人いた副町長ポストを8人に減らし、自らの町長としての月給も6000ユーロからその半分に減額し、トータルで60万ユーロかかっていた市議会の人件費を30万ユーロまで節約した。町が変わってきているという感触があるか？と聞いてみた。「今まで見られなかったクレーンが目に入るようになり、住民は、確かに『町が動いている。だから来てみたい』という気持ちを持っているようだ。また町が活気づくには、学生たちの存在が大切だということも理解してくれるようになった」と答えた。ものづくりで栄えた町は、製造業の誘致にこだわりがちだが、ラヴィニョン首長は、これからは森林や川辺を活かしたアウトドア観光業を振興する必要があると考えている。パリから北のシャルルヴィルメジエールも、ベルギーやオランダから見れば、南にあるグルメの国フランスだ。新しい観光対策はいくらでも可能だ。

地元の村長を兼務するシャルルヴィルメジエール自治体職員

　ラヴィニョン首長の元で、シャルルヴィルメジエールの将来戦略構想と渉外関係を担当する行政職のテュルオングさん[*16]は、シャルルヴィルメジエールから車で10分の1477人のリモーニュ村[*17]の村長でもある。シャルルヴィルメジエールの役所での仕事を終えてから、自分の村役場で業務をこなす。他の村会議員も現役が多いので、議会は土曜日の午前である。村役場の中に郵便局の窓口を設けるなど（写真5）、村を守る活動に熱心だ。村の歴史に造詣が深いドイツ語教師の協力を得て、村役場は古い建物を利用して、地域で栄えたスレート採掘産業を紹介する立派な歴史博物館[*18]を完成させ、周囲を公園化した。ここにも年間2257人の訪問がある。どんな小さな自治体でも、文化政策、景観整備に真面目に取り組んでいる。テュルオングさんの場合は、言語治療士である伴侶が育児と仕事を両立しやすいように、父親が警官であった故郷の村に戻って来た。そこで2人は定住して、一緒に来た夫の方が村長にまでなった。妻は村の診療所で働いて

写真5　リモーニュ村役場の中に設けられた郵便局と村長 (提供：Mr Truong)（左）
　　　スレート採掘場を再現した歴史博物館の内部展示

いる。2人は子どもが生まれるまでは、大都市リヨンに住んでいた。

　本書のテーマの1つは、なぜフランス人の30代、40代の若者が地方都市や田舎に移住するのか、その動機と背景、また移住を可能にする村の受け入れと社会的なシステムを解明することである。里山に移住するネオルーラルについては、第3章から第5章で紹介したので、ここでは地方都市に移住する若者に焦点をあて、ラビニョンさんにも移住の動機を語ってもらった。

4｜40歳を前にエリート官僚から転身した首長

フランス政財界を動かす「エナルク」

　中央集権の傾向が強いフランスでは、企業活動から日常生活に至るまで政府の規制が厳しく、中央官庁の官僚がエリートだ。エリート養成校とされるグランゼコール[19]の中でも最も難関の1つが、高級官僚養成機関のフ

ランス国立行政学院 (以後 ENA と記す)＊20 だ。ドイツ侵略の際にフランスの役人があっさりと降参した姿を見て、ドゴール将軍が強い国家官僚育成を意図して第二次大戦後設立したので、ENA はグランゼコールの中では新しい学校だ。卒業生はエナルクと呼ばれ、フランスの政治、産業界の中心人物が多い。社会党の先代大統領のオランド氏は、内閣を ENA の同級生でかため、お友達内閣と揶揄された。

　現在のマクロン大統領もエナルクである。エナルクは在学中に給与も支給され、エナルク 1 人の養成には 1 年間で 8 万 3000 ユーロかかり、卒業後、国家公務員として最低 10 年間貢献しなければならない。だから民間企業と財務省を行き来する官僚も多く、フランスの企業トップ層にも高級官僚からの転身が多い。

　エナルクが余りにも一般市民から現実離れしている、という批判はあるが、グランゼコール廃止論や少数精鋭主義の教育システム改革の議論にはならない。徹底したエリート教育のマイナス面や弊害もあるが、縁故や情実を排して、民主的な意図に基づいた、国に貢献する人材育成システムは機能していると言える。官僚たちの仕事ぶりと優秀さを十分に国民が理解しており、彼らが行う充実した社会福祉政策のおかげで、国民に生活保障がいき届いている。外から見ればフランスという国は、5％のエリートが身を粉にして働いて、国民の 95％は週労働時間 35 時間で有給 5 週間をすべて消化して、ワークアンドバランスを体現していると言ってもよい。

定年後ではなく働き盛りに故郷の町に帰ったわけ

　多くのエナルクは中央官庁に就職するが、成績順に財務監査官、国務院、会計検査院が最難関とされる。財務省の財務監査官＊21 は 1801 年から現在に至るまで 1271 人だけで、終身タイトルである。国の経済の基盤を担う機関で、組織や運営にまで及ぶ財務監査を行う。

　シャルルヴィルメジエールの町長ラヴィニョンさんは財務監査官の 1 人である。彼が投資銀行などに転職せず地方都市の首長選挙に出馬する時に

は、周りの全員が「辞めておけ」と言ったそうだ。しかし、18才まで過ごした故郷の町が、少しずつすさみ人口が減っていく姿を見て、彼は「公平ではない」と感じた。「もっとこの町は元気になれるばすだ」と。そのためには自分のエネルギーを町行政に与え、町の役に立ちたい、と自然に思ったそうだ。「自分の一生のうちの何年かを、もし荒廃してゆく故郷のまちのために費やさなかったら、きっと後悔するだろう」とまで言い切った。中央でのキャリアを終えて定年後に故郷に戻るのではなく、働き盛りに地方にUターンした。

パリの最も華やかなところにいたラヴィニョンさんは、パリジャンたちがシャルルヴィルメジエールに対して持っているイメージを知りぬいている。そんな人たちを対象にして、出来上がってしまっている抜きがたいマイナスイメージを変えるのは難しい。だから、ベルギー、オランダに目を向けて、サービス産業、建築、観光、医療産業で企業誘致を図っている。

最後に、なぜパリを離れたのかを聞いてみた。大統領官邸で顧問として、また財務省の中枢で働いていても、それは「政治の大きな動きの中で、アドバイザーとしての小さな歯車機能の任務で、決して自分の仕事の結果が見えるわけではない」と言う。「小さな自治体の長という立場は、3年間でアクションの成果がみえる。自分が決定して、動いて、その結果に対して自分で責任を持つ。そこに惹かれた」と。

ラヴィニョンさんの再婚相手はベルギー人の医師で、ブリュッセルに診療所を持っているために、1週間の半分をシャルルヴィルメジエールで同居するという形だ。政治家の妻は選挙運動で内助の功を立てるのではなく、伴侶の仕事をお互いに尊重し合う、フランスのこの年代のカップルに良くみられる形だ。

5｜パリを脱出したい人たち

パリで開かれる「地方就活フェア」

　国立統計経済研究所の調査では、パリを中心とする首都圏イル・ド・フランス州[*22]から毎年約23万人が地方に転出する。「パリ脱出」をテーマにした記事は、メディアでは頻繁に紹介される。

　11年前から「地方就活フェア」[*23]がパリの元証券取引所の建物で行われている。タイトルはずばり「地方で働いて、生活しよう」[*24]。2018年には2日間に、1500の地方企業や、100の地方自治体がビジネスマッチングに参加した。ネット環境が進化し、TGV高速化でストラスブールやボルドーまで2時間前後で移動できるようになり、地方都市がパリ首都圏の住民にも身近に感じられる時代になった。

ネオルーラルを生む移住者向けウェブサイト

　ホワイトカラーの就職情報を提供する「管理職の仕事」[*25]というウェブページがある。保守系の全国紙フィガロ紙が週1回組んでいた、就職案内の特別頁のウェブ版だ。1ヶ月に延べ480万件の閲覧者、1400万の閲覧回数があり、常時1万2000件の就職先を案内している。第3章でも述べたが、フランスでは日本のような新卒の一斉採用システムはない。新卒者は常に情報をキャッチする必要があり、企業や行政でポストが空いた時に立候補して何度かの面接を受けて採用にいたる。3ヶ月間（部長級以上は6ヶ月）の試用期間があり、雇用側・非雇用側のどちら側からも契約を打ち切ることができる[*26]。

　2018年8月の「管理職の仕事」サイト[*27]では、アンケートに答えたパリの管理職の84％が首都圏を出たいと答えており、そのうちの86％が26才から34才だ。40才を超えると田舎住まい願望が少なくなるようだ。パリには30万以上の企業があり、管理職ポストの3分の1がパリに集中し、毎年フランスで雇用がある管理職ポストの半分がパリだ。興味深いのは回

答者の39%が、仕事のために地方都市からパリに来ている。つまり仕事で首都圏に来たが、何年か生活すると地方都市に帰りたい若者が多くなる。特に出産を機として、より大きな住居、短い通勤時間、綺麗な空気を求めて、首都圏を出る。また「パリの生活に不満足だ」と回答した管理職の70%が、「今後3年以内に地方都市に行く心づもりがある」と答えている。パリは確かに文化的な物事に触れる機会は多く、サービスも整っており交通の便が良い。しかし回答者の77%が物価の高さを（地方都市に比べて9%高い）、56%が通勤時間の長さをパリの欠点に挙げている。7割の管理職が1日に1時間を通勤に費やしていることを長過ぎると感じている。また54%が「自然とのふれあいがない」と答えている。1m^{2}当たり約30ユーロと家賃が高いことも深刻だ。

　移住希望者の90%が移住先に求めるものは、より良い生活環境だ。すべてのインタビュー相手から、このQualité de Vieという表現を聞いた。自分の「人生のクオリティ」のニュアンスが強い。次いで65%が、ワークアンドライフバランスを挙げている。移住先で一番の人気はボルドー市だ。灰色の空の日が多いパリ首都圏から出るので、日照時間の長い、海が近い都市に人気がある。2位はリヨン。リヨンは人口規模ではフランスで第2位の都市で、転居せずにキャリアをステップアップできるのは、フランスではパリとリヨンだけと言われている。それだけ雇用が多い。その他の都市では、どこかの段階で出世と地方都市での家庭生活を天秤にかけなければならない。3位はニューテクノロジー産業の躍進がめざましい、大西洋岸のナント市。「ナントには雨が降る」という有名な歌があるくらい天候には恵まれないが、2014年には欧州文化都市に選ばれるなど、都市の文化政策が大きく成功した環境先進都市だ。4位はエアバス社を中心とした航空宇宙産業の雇用が多く、気候も暖かいツールーズと続く。47%の管理職が、「地方への転職に伴う減給を受け入れる」と答えている。家賃や食費が安くなることを考慮にいれば、購買能力に大きな差は出ない。

　日本では一斉採用の新入社員は全員平社員だが、フランスではある一定

の能力を客観的に示せる者は、入社時から「カードル・管理職」として遇せられる。実際には部下もなくチームの中で経験を積むのは他の新卒者と同じなので、「将来の管理職予備軍」として雇用されたと考えればよい。カードルとはポジションではなくて、就労者の資格を意味する。カードルと平社員とは年金積立公庫も異なっている。オフィス勤めの管理職予備軍は、カードルとしての仕事ができる地方都市に行く傾向がある。村落に行くネオルーラルには、事務職や技能職、技術専門職、自営業が多い。

　ウエブサイト「パリよ、さらば」*28 は、首都圏に住んでいる若者全体を対象にしている。地方都市での新生活を企画する者たちのために、地方都市ごとの就職や住宅情報が満載だ。スローガンは「生活を変えよう─地方都市で生きる」*29 だ。カードルのようにキャリア上昇志向がそれほど強くない閲覧者を反映してか、人気のある移住先には小さな自治体も見られる。やはり、第1により良い生活環境を求める。このサイトでは自分の生活志向や求める気候、趣味などを組み合わせながら、それらの条件にマッチする移住先都市と仕事を検索できる。田舎に行くネオルーラルも、地方都市に行く若きカードルも、一様に語る「Quality of life」。このように自分の生活を大切にして、パリ首都圏から地方都市や村落部に移住するフランスの若い世代と、彼らの移住先での活躍を第3章から第7章まで紹介した。

シャルルヴィルメジエール 基礎データ（2015年）

		シャルルヴィルメジエール	アルデンヌ・メトロポール 61の自治体で構成
人口	人口	4万7847人	12万5076人
	人口密度（1 km² 当たり）	1521.9人	220.2人
	面積	31.4 km²	568 km²
	2010年から2015年までの人口	－8％	－0.7％
	そのうち自然人口推移	＋0.2％	＋0.2％
	そのうち移入・移出人口推移	－1.0％	＋0.9％
	世帯数	2万3073	5万6852
	出生数（2017年）	533人	1230人
	死亡数（2017年）	563人	1360人
住宅	住宅数	2万5972戸	6万3438戸
	本宅としての利用率（別荘ではなく、1年を通して住居）	88.8％	89.6％
	別荘としての利用率	0.9％	1.0％
	空き家率	10.3％	9.4％
	持ち家率	34.2％	49.6％
所得	世帯数	2万1869戸	5万4619戸
	消費単位当たりの年間可処分所得の中央値	1万6717ユーロ	1万8250ユーロ
	課税対象世帯割合	43.2％	46.7％
雇用	雇用数（給与所得者・自由業など形態を問わず）	2万7365人	5万2108人
	そのうち給与所得者の割合	93％	91.1％
	雇用率変化（2010年から2015年）	－1.0％	―
	失業率（15歳から64歳対象）	23.7％	19.8％
産業	事業所数 2015年12月	4267	9489
	そのうち農業	0.5％	2.9％
	そのうち工業	4.6％	6.5％
	そのうち建設業	6.3％	9.1％
	そのうち商業、交通、サービス業	69.7％	65.2％
	そのうち行政、教育、社会福祉機関	19.0％	21.8％
	そのうち従業員0（自由業・自営業）	2601	6090
	そのうち従業員1〜9人	1279	2617
	そのうち従業員10〜19人	186	378
	そのうち従業員20〜49人	116	240
	そのうち従業員50人以上	85	160

注　ラヴィニョンさんは、人口12万5076人のアルデンヌ・メトロポールの議長でもある。人口5万人以下のシャルルヴィルメジエールは町と本書では位置づけているが、ラヴォニョンさんは人口10万人以上規模の地方公共団体の長でもあるので、本書では町長ではなく、首長とタイトルを統一した。

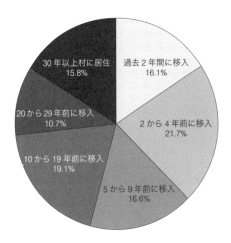

住民の 54.4%は、この過去 10 年間にシャルルヴィルメジエールに移住してきた
(出典：INSEE　2015 年)

注

* 1 Charleville-Mézières：人口が1万人以上の自治体の合併がほとんどなかったフランスにおいて、シャルルヴィルメジエールは、シャルルヴィルとメジエールが1966年に合併した稀な例である。
* 2 Ardenne
* 3 Arthur RIMBAUD / La Maison des Ailleurs
* 4 アルジェリア資本のCEVITAL社が、プジョー工場施設の一部を再利用して、水処理機械製造ラインの立ち上げを計画している。
* 5 Boris RAVIGNON
* 6 Place Ducal
* 7 UNIMA : Union internationale de la Marionnette
* 8 Institut international de la marionnette
* 9 École nationale supérieure des arts de la marionnette (ESNAM)
* 10 André LEBON
* 11 AVIAMA : Association Internationale des Villes Amies de la Marionnette　世界人形劇フェスティバル開催年にはシャルルヴィルメジエールで、その間の年にはメンバー国で総会が行われ、すでにスペインとチェコで年次総会が開かれた。
* 12 http://musees-de-france-champagne-ardenne.culture.fr/musee_ardenne.html
* 13 Université de Reims　https://www.francebleu.fr/infos/education/decouvrez-en-images-le-futur-campus-universitaire-de-charleville-mezieres-1474389289
* 14 https://www.dalkia.fr/fr/e-mag-efficacite-energetique/charleville-mezieres-accelere-sa-transition-energetique
* 15 Cabaret Vert：ランボーのソネットの題名を採用している。
* 16 Grégory TRUONG
* 17 Rimogne
* 18 Maison de l'Ardoise　http://mairie-rimogne.fr/tourisme-et-economie/tourisme/la-maison-de-lardoise/
* 19 第5章111頁参照
* 20 ENA : Ecole Nationale d'Administration
* 21 エナルクの中から、毎年3人から5人しか採用されない。マクロン大統領も財務監査官である。
* 22 Ile de France：フランスの人口の約5分の1が居住するパリとその近郊の都市圏
* 23 Parcours France　http://www.parcoursfrance.com/
* 24 Vivre et Travailler en France
* 25 Cadre emploi　https://www.cadremploi.fr/editorial/actualites/actu-emploi/detail/article/faut-il-vraiment-quitter-paris-pour-bordeaux-nantes-lyon-ou-toulouse.html　グランゼコールを卒業した者や修士課程以上の学業を修めた者が、カードルの資格を得る。学問や研究が対象となる大学の修士号取得者より、すぐに現場で適用できる実地的な教育を施すと考えられているグランゼコール出身の方が、就職には有利だ。
* 26 逆に正式雇用が決まると、労働者の権利が手厚く守られているフランスでは解雇は困難だ。それが中小企業が簡単に人を増やせない理由の1つで、若者の高い失業率の一因でもある。
* 27 アンケートは1786人を対象に2012年から2018年まで実施。35％がパリ市内住まい、残りは首都圏。回答者の27％が37歳以下、31％が36歳から45歳、残りは46歳以上。
* 28 Paris, Je te quitte　http://paris-jetequitte.com/
* 29 Changer la vie, vivre en province

第8章
フランスから何を学ぶか

カドネ村（第5章）の朝市 (提供：Mr H.Vincent)

1 | 村での生活を続けるための工夫

サービス機能を守りぬくためのアイデア

　フランス統計経済研究所は「過疎化は1970年代に終わった」と2014年に発表した[*1]。50年間に及ぶ過疎化で、明るい将来は都会にしかなく、農村は見捨てられたと信じられていた。しかし、国はルーラルエリアを見捨ててはいない。政府の交付金給付では都市部よりも村落部の方が優遇され（図1）、「空白の対角線」と呼ばれる過疎地域に多額の交付金が供与されている。しかし、もはや交付金で文化センター、スポーツ施設などの箱モノへ投資する時代ではない。自治体は、これからは医療や商業施設の充実など、ソフトインフラ整備が必要だと認識している。村の中にカフェ、レストラン、パン屋、薬屋、郵便局、スーパーマーケットなどを存続させるのが村長の関心事だ。1993年から1999年の間に食料品店は村落地域では

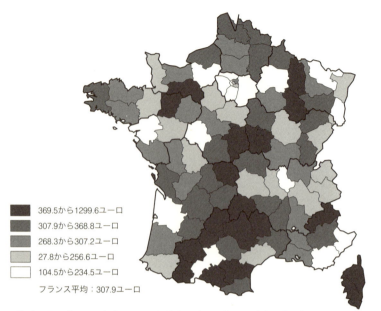

図1　県別に見た住民1人当たりの交付金分布図（2016年）。「空白の対角線」過疎地域への配分が多いことが分かる（出典：http://www.observatoire-des-territoires.gouv.fr）

5.1％の減少を見せたが、1999年から2007年までは減少率が1.7％になった。村落部における商業施設の減少は歯止めを打った*2。日常生活に必要な食料品店や薬局は、人口1万人あたりの店舗数でみると、2007年では村落部の方が都市部よりも多い(表1)。食料品店まで車で15分以上かかる村落部住民は、全体の1％でしかない。スーパーマーケット（250m² 以上の販売面積）でも4.7％だ。だから大半の村落地帯から、日常最低限の買い物は車で15分以内にできる*3。雇用先は都会でも良いが、田舎での生活やコミュニティを支えるのは、学校、医療、ミニスーパー、カフェ、郵便局である。交通とデジタル環境も必要だ。フランスではまだ国民の50％しか、1秒に30メガバイト以上の高容量デジタル環境を享受しておらず、光ファイバー整備を求める村落自治体は多い。政府は2020年までに全国民の居住地における、ブロードバンドあるいは少なくとも4G環境の整備を目標とした「高

容量プラン」*4 に従い、過疎地自治体を対象に予算を投与している。

　フランス村落のアイデア溢れる活性化策は、メディアでも紹介される。たとえば、人口1236人のマルシアック村では、自治体予算の10％の使途を直接村落民に提案してもらい、投票で決める直接民主主義を導入しており、市民参加型予算と呼ばれている*5。人口の4分の1が60才以上というアンシー*6では、1人当たりのコスト18.9ユーロを自治体が負担して、高齢者に1週間に1回、レストランを開放して食事を楽しんでもらう。人口が少ない村落自治体を巡回する移動郵便局やフードトラックは、もう珍しくない。また、WEBが世界への窓を開けた。高齢者もデジタル化している。65才以上の75％がインターネットを日常的に利用し、80％がSNSに親しんでいる。フランスは所得申告をはじめとしてほとんどの行政手続きがネット仕様になった。ついてゆけない高齢者のためには、ネット支援バス*7を自治体が村落に走らせ、バスの中で自治体係員が税金申告などをPCの前で高齢者たちとともに行っている。昔からの焼き物や染色産業を守るために、インターネットを駆使して営業を展開する地方の企業も続々と紹介されている*8。ルーラルエリアに移住する者たちも積極的だ。田舎のパン屋を買い取った青年は、営業開店の宣伝に車にパンを乗せて近場の村を回る。それに女性が元気だ。ノルマンディー地方の879人の村落、サンジョ

表1　住民1万人に対する店舗数（2007年）

(出典：INSEE, BPE 2007 et Recensement de la population 2006 ; Inra UMR1041 CESAER, Distancier Odomatrix)

2007年	住民1万人に対する店舗の数	フランス全土	村落部	都市部
食品関連	よろず屋（ミニスーパー）	4.2	5.9	3.8
食品関連	パン屋	8.5	11.9	7.7
食品関連	野菜・果物店	0.9	0.8	0.9
食品関連	スーパーマーケット	1.8	2.4	1.7
薬局	薬局	3.8	4.2	3.7
食品以外	衣料品	9.5	6.1	10.2
食品以外	靴	1.9	1.4	2
食品以外	電化製品	2	1.8	2
食品以外	家具	1.9	1.2	2.1

ルジュヴィエーヴル*9では１年に15人ずつ人口が増加しており、新しく開店した店舗10軒のうち9軒が女性による経営だ。カフェ、花屋さん、ネイルサロン、仕立て屋さん、薬局、ピザのお店、レストラン、美容院…すべて店主は女性だ。ここは極端な例かもしれないが、社会の新しい動き、単身世帯の増加、人口の高齢化、女性の社会進出などに柔軟に対応して、村落でもすべての人、特に若い女性も働きやすい環境づくりに努めなければならない。

広域で補う行政サービス

　2016年のNOTRe法（第2章*6参照）が、村落共同体への加盟を小規模自治体に義務付けたので、今では共同体が何でも決定する。昔気質で村のことなら何でも知っていた村長たちは、複数の自治体間での交渉や議論の技術を持たなければ、共同体議会では傍聴者になってしまう現象もみられる。次の選挙で新しい村長候補がいない村落（第5章*29参照）は、近隣の自治体に併合されるので、小さな集落の統合が進むだろう。学校や郵便局などの行政サービスは、村落共同体の中心集落に集約される。このように広域連携で不足を補ってゆく形態は、これからも加速する。その際に移動手段を持つ者は良いが、持たない者は「見捨てられた」と感じるであろう。だからモビリティ、公共交通サービスを念頭に入れて、行政サービスの効率化を図っている。

　2018年度末に起こった黄色いベスト運動*10のきっかけは車だ。環境負荷の高いディーゼル燃料の増税への反対運動を皮切りとして、現時点で貧困ではないが失業や増税がすぐに影響する経済基盤が弱い「貧困予備層」が、主に「購買力の向上」「税制度の見直し」「社会格差の解消」を求めて運動を展開した。今すぐの「収入源」増強を減税で果たすか、重税を続けて手厚い社会保障を守ってゆくか、「社会の選択」を問う大きな意味を持つ、国を挙げての問いかけにつながった。フランス人の就労移動手段の80％が車だ。過疎地では94％にもなる。1982年はフランス人の通勤距離平均

が9.2kmであったが、2008年ですでに17.7kmに達した。年間平均走行距離は1万1400kmだが、村落部では1万5500kmにもなり、家計の6.6%をガソリン代が占める。都市部では4.4%だ[*11]。クレジット、保険、メンテナンス、広告産業が一体となって、大量消費社会でより廉価な自動車を提供し、自動車が使える社会を我々が創り上げてきた結果だ。通勤距離1km以下のフランス人の58%が、車で通っている。通勤する車1台に乗る平均人口は1.08人だ。ライドシェアや、公共交通ネットワークの見直しなど、モビリティの再編成が必要だ。いつまでもマイカーお一人様の移動に頼っていては、郊外や村落エリアに居住する中間層以下の階層のひとたちの暮らしや、購買能力の改善には限界がある。黄色いベスト運動はその事実も提示したといえる。

2｜小さな村落が生き延びるための考え方

都会を模倣せず、田舎を大切にする

　地方住まいの人たちに共通しているのは、郷土愛だ。自分たちの土地を守りたい気持ちに忠実だ。同時にフランスでの村落の人口増加は、よそ者を受け入れることから始まった。祭りや歴史遺産などの村の歴史や記憶を大切にしながらも、新住民がもたらすエコロジーを重要視する生活様式やイノベーションを受け入れ、村の近代化を図っている。

　フランスでは1970年代から少しずつ人の流れが変わり、合計450万人がパリ首都圏や都会からルーラルエリアに移動した。特に1990年代から地方への人口の逆流の動きは顕著になり、自然増加ではなく移入者超過で村落部の人口が増えた。誰が田舎に来たのか。最初は人々は庭付き一軒家を求めて、広い土地を安く購入できる地域に移動した。これは今でも第1の理由だ。次はより良い気候と海辺を求めて年金生活者たちが移動を始め、今ではパリを出る30代から40代の管理職層も珍しくない。それから「新しい生活」を求めて、田舎で生活環境を整えるネオルーラルたち。人生の

リセットを求めている。このルーラルエリアへの移住者たちに見られる共通点は、「より良い生活の質へのあくなき追求」だ。アメニティと呼ばれる生活環境の快適さの中心は景観だ。フランスの田舎の風景は美しい。小さい村落でも、都会を模倣せず、都市計画に沿って景観を保全しながら開発を行ってきた。美しい村をつくることが、ルーラルエリアの未来を保障するのは確かである。戦後に地主の数が増えて村の景観を守る合意形成が困難になり、フランスは計画性を持った土地開発を自治体に義務付けた。「計画なくして開発なし」はどんな小さな自治体、農村にも適用されている。同時に生活サービスの近接性、小学校や店舗を守り、外観は古くても中は近代的で快適な住居を用意する。土地の記憶としての行事、自然遺産を最大限にアピールし、村の文化と歴史遺産を次世代へ継承することが大切だ。

新参者の積極的な受け入れに必要な寛容性

　過疎化に歯止めをかける一番重要な人材は、村の住民自身だ。自治体の首長や共同体議長がまず確固たるヴィジョンをもって、先頭に立ち村落の活性化に取り組んできた例を本書で紹介した。議員も行政も支えなければならない。改革を委託して、外頼みにしてはならない。都市部からの新住民の移住の結果、フランスのルーラルエリアでもかつての住民層の割合は小さくなり、村落構成の再編成があった。田舎である種の中産階級化が進んだといってもよい。ネオルーラルたちは、古い家を改築し、庭を美しくする。村の広場の雰囲気のみならず、村の景観までも変えてゆく。村人と交わらず、自分たちで集まってしまう新住民たちもいるが、中には地域の生活に積極的に関わるために、村落議会に立候補する者もいる。新参者たちは村落のマネジメントができる文化的、教育的なバックグラウンドを持っており、従来の地主や経済的に力があった村人たちだけの議員構成が変化してきた。旧住民たちは皆顔見知りで、村落共同体への強い帰属感があった。しかし、この30年間で村は変わった。農業人口の劇的な減少、共同作業の完全に近い消滅、減速する経済成長と失業の不安。閉まっていく昔

ながらのカフェ。村落の中心から離れた所に建つ新住宅に移住するネオルーラル。それに伴って、昔の吹奏楽団や、消防隊、サッカークラブなどは、新しい NPO に生まれ変わった。

　過疎地の再生は少子化対策から始まるので、都会からの若い移住者たちを受け入れる必要がある。人生により良い「生活の質」を求めて、村落に移り住む若者たちに、安心と希望を与えられるような村落環境を整える。フランスでは、生活に必要な最低限の保障を国が様々な名目で給付するので、安心感はあるだろう*12。だから村落や地方都市が、渋滞と汚染とストレスに疲れた都会からの移住者に与えられるのは、「何か新しいことが、身近な生活の中で実現できるかもしれない」という希望である。近隣の中核都市で仕事ができて、好きな活動を仲間たちと行える NPO を支えとして、新参者が「居心地の良い暮らしやすい土地」を、旧来の村民と作り上げる。都会人の描く「理想の田舎生活」を、村落の人は受け入れなくてはならない。今回インタビューしたすべての村落で 10 年以上居住している人口は、どこも半分しかなかった。つまり、村はよそ者がつくっている。そこでは旧来のコミュニティのあり方だけにとらわれるのではなく、異質なものを受け入れる村人たちの寛容性が試されるだろう。　フランスでは「移住・定住促進」のための特別な補助金はない。「新規創業支援」では補助金があるが、重要なのは予算拠出だけではない。ネオルーラルが試みる挑戦や新しい生活様式に寛容で、村落の構成メンバーが新参者を助ける基本的な姿勢を共有することが大切だ。

3｜地方活性化は村落と地方中核都市の両輪で

過疎の村に仕事をつくることにこだわりすぎない

　2014 年から 2020 年まで、「ルーラル発展のための欧州農業基金」*13 は、フランスに 114 億ユーロの補助金を交付し、村落エリアの持続可能な発展をめざす様々な企画を支援している。地域の農協での「ネット公開講座」*14

開催、従来型の農業から有機栽培への転換支援、農業におけるエネルギー転換、オリーブオイル生産会社の設立支援など、29 のプロジェクト内容は多岐にわたる。2008 年にはプロジェクトのアクターたちを対象にして、農業・食料省[*15]や、地域の均衡調整庁（第 6 章[*30]参照）、州政府もパートナーになり「ルーラルネットワーク」[*16]が設立された。村の旧住民たちが自分たちにも関わる課題として、新しい企画に関心を持つことを意図する。変化の経過を村人が肌で感じて、地元での暮らしの向上を実感してもらえることも目的の 1 つだ。肥料と農薬で環境を破壊し、地域の伝統食文化と景観を破壊してきた近代農業ではなくて、土地の特色を活かした高品質の原産地保証食品をつくる。デジタル化の到来もあり、完全にトレーサビリティが管理された高度な農業が小さな農村にまで浸透した。そして農業従事者もそれを受け入れてきた。

このように EU からの補助金を確保して、村で新しい取り組みに挑戦する若者や、第 3 章のポンジボーに移住した医者たちのように、村で仕事を創出する者にはよそ者が多い。また村での新しいビジネス立ち上げだけにこだわらず、近隣の中・大都市に通勤する若い世代を受け入れてきた村の例を本書では紹介した。特にデジタルに強い、もしくは創造的な人材でなくても、仕事を持っている子育て家族が移住するだけで、村落は活性化する。第 5 章のカドネに移住したアーキテクトチームは、その実例だ。

過疎地の再生は地方都市の仕事づくりから

筆者は、『ストラスブールのまちづくり』において、メトロポールといわれるフランスの大都市の成長を描いた。2008 年から 2012 年の間にフランスで創出された雇用の 70％はメトロポール経済圏でつくられた[*17]。「メトロポリゼーション」とも呼ばれている。ものづくりから、デジタルを中心とするサービス産業への転換、近代化が進んだ。これらの元気な大規模（といっても日本の政令都市より人口は少ない）地方都市を起点として、人口がさらに郊外から村落部へと延びていった。つまりフランスでは、地方

の中核都市で医療、教育、雇用が確保されているために、通勤圏になりうる周辺のルーラルエリアにも人口が増えた。

　フランス人が大切にする「自慢できる土地」「住み続けたい村」。そこは必ずしも生まれ育った故郷ではないかもしれない。大人としてその土地で過ごした時間の記憶、家庭生活、仕事、友情を大切にして、高齢者でも簡単に歩いて外出できる街中を創出し、それぞれに居場所がある地元コミュニティの賑わいを支える。自分の住む場所が一番いいと思っている。積極的に村の運営に関わる。よその成功体験を待たない。地域の活性化は自分の村の中から生まれる。

　フランスの若い世代は「環境保全」と「連帯・助け合い」という価値観に基づいて、新しい生き方を求めて地方に旅立った。あるいは、地方出身者は地方に戻ったとも言える。そして地方も田舎も元気になった。少子高齢化社会の日本で、このような地方分散型の成長が見込めるだろうか？　地方でこれから女性も男性も、子育てしながら仕事ができる生活を営めるだろうか？　そして「地方で生きること」を裏付ける、日本社会での新しい価値観は何だろうか？　今、その模索の時代にすでに入ったと言える。

注
* 1　https://www.insee.fr/fr/statistiques
* 2　ホテルやレストランは減少しており、村落部では、1900年に50万軒あったカフェは2017年は4万軒になった。(Union des metiers et des industries de l'hotellerie)
* 3　衣料品や電化製品などは、ハイパーマーケットなどの大型小売店舗が集積しているので、都市部の方が、住民1人当たりの供給は多い。また村落から30分以上の移動が必要な対象店舗として、31.5％の住民が冷凍食品専門店、17.2％が大型スーパーマーケット、13.7％が鮮魚店を挙げている。
* 4　Le Plan France Tres Haut Debit : https://www.gouvernement.fr/action/le-plan-france-tres-haut-debit
* 5　Budget participatif：南フランスのGers県にあるマルシアック（Marciac）村。2014年以降は、パリやメッス、レンヌ、グルノーブルのような大都市でも、全体予算の5％に市民参加型予算を適用している。
* 6　Anncy
* 7　Bus Numérique：デジタルバスと呼ばれ、ボルドー郊外やアンジェ郊外の村落地をはじめ、各地で実験走行中である。
* 8　たとえば、フランスの南西部の村落地帯にある人口1950人の自治体フロラック（Florac）では、1892年から続く老舗のジーン製造会社Tuffery社が、インターネットを駆使して、営業成果を上げている。
* 9　St George du vièvre
* 10　11月18日の初回デモから、フランス全土2034ヶ所・28万人の参加する大規模な抗議行動となった。一部で過激化もみられたデモが続いたのち、2018年12月10日20時、マクロン大統領の13分の演説が、地上波3局・ニュース専門番組4局で放映された。日刊紙ル・フィガロによると、合計視聴者数は2300万人、視聴率は81.4％。同演説はラジオでも放送されたが、聴取者数が統計できないため、リアルタイムで演説を聞いた人数はさらに上回るといわれている（以上・ハフポスト）。消費社会で中流が薄くなり貧富の格差が開いている現状は日本も同じだが、日本の首相の所信表明を国中が注目して聞く現象は、日本では考えにくい。フランスでは、国家や元首に対する期待が大きいとも言える。
* 11　《Increvable voiture》Alternative Economiques N° 374 novembre 2017
* 12　生活保護に相当する積極的連帯手当（RSA: Revenu de Solidarité Active）は、2016年は250万人に給付された。1人暮らしで約707ユーロ、子どもが1人いる単身世帯で943ユーロ、子どもが2人いるカップルには1157ユーロが支給される。
* 13　FEADER : Fonds Européen Agricole pour le Devéloppement Rural
* 14　MOOC : Massive Open Online Course
* 15　農業・食糧省：Ministère d'Agriculture et de l'Alimentation
* 16　https://www.reseaurural.fr
* 17　Rapport sur la cohésion des territoires CGET juillet 2018

おわりに

　ちょうど本書の結論を執筆中に、フランス中で「黄色いベスト運動」が起こった。既存のシステムや政治家に対する不信感を表明しているが、国営テレビの統計発表では、国民の 58％がまだ村長を信用している。村落のコミュニティのつながりが強く残っているフランス社会では、村長は尊敬される責任ある職務だ。小さな共同体の信頼を集める村長と議会や村の人たちが、どのように新しく都会からやってくるよそ者、若者を迎え、かれらの才能を活かせる環境を与えてきたかの実例を本書で紹介した。もちろん、挫折している例もあるだろうが、都会から地方・ルーラルへの移住者が確実に年々増えてゆく推計予想を見ると（第 2 章図 4 参照）、自治体が新参者の受け入れに工夫をしていることが読み取れる。

　今回の執筆にあたっては、編集を担当していただいた学芸出版社の岩崎健一郎氏に、構成の段階からご指導いただき心から御礼を申し上げる。また日本の過疎や都市計画に関する教えをいただいた日本の皆様、ありがとうございました。最後にフランスおよび日本の自治体で多くの人たちのご協力を得たので、お名前をフランス語で表記し、謝意を表したい。

　Tous mes remerciements pour leur soutien précieux à : 1. Pontgibaud : Mr Ouachem, Ms Monneron, Mr Martin, Ms Thomas, Ms Guillot, Mr Posada, Mr Borel, Mr & Mrs Donnet / 2. Batz-sur-Mer: Mr Buron, Mr & Mrs Bourgine, Mr Braeuer / 3. Cadenet: Mr Perez, Mr Deliau, Mr & Mrs Coupat, Ms Joseph, Ms Joret, Mr Texier, Mr Vincent /4. Biarritz: Ms Chabault, Ms Laaharrague / 5. Saint-Brieuc: Ms Chapelain, Mr Orveillon / 6. Charleville-Mézières: Mr & Mrs Ravignon, Mr Truong, Mr Makino et son équipe de la ville d'IIda Japon et pour terminer à ma famille.

2019 年 2 月 24 日　フランス・アンジェ市にて

【著者】

ヴァンソン藤井 由実（VINCENT-FUJII Yumi）

ビジネスコンサルタント（日仏異文化経営マネジメント）。大阪出身。大阪外国語大学（現大阪大学）フランス語科在学中に、ロータリークラブ奨学生として渡仏、フランス国家教育省の「外国人へのフランス語教諭資格」を取得。1980年代より、パリを中心に欧州各地に居住し、通訳として活動。2003年からフランス政府労働局公認の社員教育講師として、民間企業や公的機関で「日仏マネジメント研修」を企画。翻訳監修書に『ほんとうのフランスがわかる本』(原書房、2011年)、著書に『トラムとにぎわいの地方都市　ストラスブールのまちづくり』(学芸出版社、2011年、土木学会出版文化賞受賞)、『フランスの地方都市にはなぜシャッター通りがないのか』(学芸出版社、2016年、共著)。

VINCENT FUJII Yumi - Blog（http://www.fujii.fr/）

ⒸThe Yomiuri Shimbun

フランスではなぜ
子育て世代が地方に移住するのか
小さな自治体に学ぶ生き残り戦略

2019年4月1日　第1版第1刷発行

著　者………ヴァンソン藤井由実
発行者………前田裕資
発行所………株式会社 学芸出版社
　　　　　　京都市下京区木津屋橋通西洞院東入
　　　　　　電話 075-343-0811　〒600-8216
　　　　　　E-mail:info@gakugei-pub.jp
　　　　　　http://www.gakugei-pub.jp/

装　丁………よろずでざいん　中川未子
印　刷………イチダ写真製版
製　本………山崎紙工
編集協力………村角洋一デザイン事務所

ⒸVINCENT-FUJII Yumi, 2019
ISBN 978-4-7615-2701-3　Printed in Japan

> JCOPY　〈(社)出版者著作権管理機構委託出版物〉
> 本書の無断複写（電子化を含む）は著作権法上での例外を除き禁じられています。複写される場合は、そのつど事前に、(社)出版者著作権管理機構（電話03-5244-5088, FAX 03-5244-5089, e-mail: info@jcopy. or. jp）の許諾を得てください。
> また本書を代行業者等の第三者に依頼してスキャンやデジタル化することは、たとえ個人や家庭内での利用でも著作権法違反です。